CULTURE IN A LIQUID MODERN WORLD

# リキッド化する世界の文化論

伊藤茂 訳

ジグムント・バウマン

ZYGMUNT BAUMAN

青土社

# リキッド化する世界の文化論

Seidosha, in association with the National Audiovisual Institute

# リキッド化する世界の文化論　目次

第１章

# 「文化」概念の歴史的変遷についての覚書

オックスフォード大学の著名な社会学者ジョン・ゴールドソープ率いる一三名の強力チームは、英国、チリ、ハンガリー、イスラエル、オランダでの知見を基に、従来の指標によって文化的エリートと文化的ヒエラルキーの底辺にいる人々を見分けるのは困難であると結論づけた。従来の指標とは、オペラやコンサートに定期的に足を運び、「純粋芸術《ハイアート》」とされるものに関心を寄せる一方で、「ポップミュージックや人気テレビ番組などあらゆる通俗的なもの」を見下す性癖のことである。こうした指標が無効になったからといって、文化的エリートや真の芸術愛好家とされる人々に出会わなくなったわけではないし、文化とは何かについて、そして、どんな要素から成り立っているのかについて、さらには、上品なものと下品なものの見分け方について詳しい人がいなくなったわけでもない。だが、そういう人々を除く今日の文化的エリートは、近代の文化的エリートとは違って、一般の人々の趣味や俗物の悪趣味を軽蔑するような、厳密な意味での「目利き」ではない。むしろ、ヴァンダービルト大学のリチャード・A・ピーターソンの言葉を借りて、彼らのことを「雑食性」と呼ぶのが適切であろう。オペラも好きだがヘビメタやパンクロックも好み、「純粋芸術」も好きだがはやりのテレビ番組も好み、ときにはサミュエル・ベケットやテリー・プラチェットもレパートリーに加えるというわけである。これもかじればあれもかじる、今日はこれ明日はあれ、といった具合だ。流行のトレンドだけでなく、もっとも排他的なロンドンの社交界の動向にも注目しているスティーヴン・フライ（テレビの人気番組のスターでもある）によれば、ようするに何でもござれである。フライは次のように公言している。

人々はデジタルなものに夢中になる一方で、本も読みます。オペラにも行けば、クリケットの試合の切符も買い、人格を崩壊させることなく、レッド・ツェッペリンの切符も買い求めます……。タイ料理は好きですか？　イタリア料理も悪くないのでは？ええ……さてと。私は両方とも好きです。ええ、それもありでしょう。ラグビーも好きだし、スティーヴン・ソンダイムのミュージカルだって好きです。ヴィクトリア・

ゴシックもダミアン・ハーストのインスタレーションも。ハーブ・アルパートの「ティファナから来た罪人」も、ヒンデミットのピアノ作品も。イングランドの聖歌もリチャード・ドーキンスも。ノーマン・ダグラスの初版もiPodも。スヌーカーもダーツも、バレエも……。

あるいはピーターソンが二〇〇五年に二〇年にわたる調査結果を要約して述べたように、「エリートの地位にある人々が、卑しくて下品な大衆文化を見下すインテリから、知的な芸術のみならず広範な大衆芸術も消費する人間に転じているのがわかる」[1]。言い換えると、どんな文化的なものも自分と無縁でないという態度に変わっているのだ。彼らは、そういう文化的制作物と一〇〇%同化したり、それに絶対的に帰依したりすることはない。そしてまた他の楽しみを拒むという代償を払うこともない。彼らには家庭と呼べる場はないが（いやそれだからこそ）、どこにいてもくつろいだ気分を味わえる。それは（洗練された）趣味と（俗悪な）趣味の対立というより、単食対雑食、凝り性対あらゆるものを消費する態度の対立である。こうした文化的エリートは元気があってノリがよく、以前にもまして活発で熱心である。だが、ヒット作を追いかけることや、その他の文化的な行事に夢中なため、教義を作り上げて、他の人々をそれに宗旨替えさせる余裕はない。「気難しくなく、選り好みしない」、「より多く消費する」を原則にしていることを除けば、彼らも文化的なヒエラルキーの底辺にいる単食の群衆と変わらない。

しかし、ピエール・ブルデュー〔一九三〇―二〇〇二。フランスの社会学者で「文化資本」や「ハビトゥス」などの概念で知られる〕がほんの数十年前に述べたように、かつてあらゆる芸術作品は特定の社会階級向けのものであり、その階級にだけ、もしくは主としてその階級に受け入られていた。ブルデューによれば、これらの芸術作品が持つ三つの効果、すなわち、階級の定義、階級の区分、特定の階級の成員であることの表明こそ、これらの芸術作品の基本的な存在理由であり、たとえそう表明されていなくても、隠されたもっとも重要な社会的機能であった。

ブルデューによると、審美的な消費のために作られた芸術作品は階級区分の標識であると同時に階級を保護するものであり、階級間の境界線を分かりやすく表示し、強化するものだった。境界線を明確にし、その境界線を効果的に保護するためには、すべての芸術作品や少なくともその多くを、それぞれ限定されたものにしなければならなかった。その内容が他のものと混ざったり、同じ価値を持つとみなされたり、他のものと一緒に所有されたりしてはならなかった。重要なのはそれらの内容や本来的な性質よりもそれらの違いであり、他のものに対する不寛容であり、他のものと和解することの禁止であり、貴賤にこだわらないと誤解されてしまうことへの忌避感であった。そこには本来、エリートの趣味である「高級文化」と、平均的で「通俗的な」典型的なミドルクラスの趣味、さらには下層階級の「俗悪な」趣味の違いがあった。それらを混合するのは火と水を混ぜるくらい難しかった。自然は空白を嫌うが、文化は決して混合を容認しない。ブルデューの『ディスタンクシオン』では、文化は階級の違いを際立たせ、それを保護するために造られた有益なツールとされた。言い換えると、それは社会的な区分や社会的ヒエラルキーの創造と保護のために発明された技術だったのだ。(2)

ようするに、文化はオスカー・ワイルド（一八五四—一九〇〇）が一世紀前に述べたようなものになっていた。つまり、「美しいものに美しい意味を見出す人々が教養ある人々である……彼らは、美しいものとは美だけを意味する、選ばれた人々である」(3)。「選ばれた人々」とは、自らが擁護するものの価値の輝きを歌うと同時に、歌唱コンクールで自ら勝利を手にする人々のことである。当然のことながら、彼らは美の中に美しい意味を見出した。というのも、美とは何かを決めるのは彼ら自身だったからだ。美の探求が始まる前から、たとえ選ばれたものでなくても、どこでその美を見つけるか（ミュージック・ホールや市場の棚ではなくオペラに、グレイハウンドレース好きの労働者階級や農民の家ではなく画廊で、新聞記事や安手の本ではなく革張りの本に）を決めるのは彼らであった。それらの選ばれた人々は、美とは何かに関する見識のおかげで選ばれたわけではない。彼らが「これは美しい」と表明し、行動でそれを確認したからこそ選ばれたのである……。

ジークムント・フロイト（一八五六—一九三九）は、審美的な知識によって美のエッセンスや性格や源泉、つまりは内在する本質を求めても無駄であり、その無知を、もったいぶった尊大な、そして結局は空虚な見解でとりつくろうだけである、と信じていた。フロイトはこう宣言している。「美には明確な用途はないし、それに対する文化的ニーズもない。しかし、文明はそれなしではやっていけない[4]」。

しかし、他方で、ブルデューも指摘するように、美とそれを求めることにはメリットがある。そのメリットはカントが指摘するような「公平無私」なものではないが、それにもかかわらずメリットであり、それを求めることは必ずしも文化的なものではなく、社会的なものである。そして美と醜、洗練されたものと野暮なものを見分けることのメリットとニーズはともに、上流社会と底辺社会、粋な趣味を持つ通人と悪趣味で粗野な大衆や下層民を見分けようとするニーズや欲望が存在するかぎり続くであろう。

これらの説明や解釈を慎重に考え合わせると、「文化」（その適切さや善さや美のゆえに、勧められ、推奨され、課せられる一連の嗜好）は、何よりもその作り手によって、「社会的に保守的な」力とみなされていたことが明らかとなる。文化はこの役割を自ら証明するために、二つの明らかに矛盾した行動をとらねばならなかった。何かを承認する際には承認しない場合と同じくらい、入場券を与える際には与えない場合と同じくらい、そして身分証明書を許可する際にはその市民権を否定する際と同じくらい、明確で厳格で非妥協的でなければならなかった。このように、あるべき基準を提示することで、何が望ましく賞賛に値するかを明らかにする一方で、文化には、信頼のおけないもの、その隠された脅威のために避けるべきものは何かを示す標識の役割を果たすことが求められた。すなわち、古代の地図の縁にある、ここにライオンがいるという警告の印の役割である。文化とは、英語のたとえ話の中の皮肉だが教訓的な孤島の漂流者のようにふるまうことであり、この漂流者は快適と感じるために、つまりは、自らのアイデンティティを獲得し、それを有効に保護するために、自分が漂着した無人島に三つの建造物を建てねばならなかった。第一の建物が自分の住居、第二の建物が毎週土曜日に通うクラブ、そして第三の建物が、その漂流者がその島で過ごした長期間の間に渡るのを注意ぶかく避けていた敷居である。

ところで、三〇年以上も前に出版されたブルデューの『ディスタンクシオン』は、啓蒙思想の中で生まれ、その後何世代にもわたって継承されてきた当初の「文化」概念を転倒させてしまった。ブルデューが発見し定義し文書にした文化の意味は、一八世紀の後半に英語の refinement（洗練、教養）やドイツ語の Bildung（陶冶）の概念とほとんど同時に検証されて一般的な用語になった「文化」概念とは、ほど遠いものだった。

「文化」はもともと現状を維持するためというよりは現状を変更するための手段、もっと正確に言うと、社会の進化を普遍的な人間の条件の方向に導く航海用ツールであった。「文化」の当初の目的は、広く行き渡っている状況を記述し成文化し登録する役目を果たすことではなく、将来の取り組みの目標や方向を示すことだった。「文化」は、大衆を教化し、その慣習を洗練させ、それを通じて社会を改良し、「人民」すなわち「社会のどん底」にいる人々を高みに引き上げるために計画され、実行に移される改宗の使命《ミッション》のことだった。「文化」は「啓蒙の光」と結びついており、田舎や町の住宅の「軒下」、さらには吸血鬼のような日光の下では生きられないものが棲む（と信じられた）偏見と迷信に満ちた暗い奥まった場所にまで到達するはずのものだった。マシュー・アーノルド（一八二二―

八八）の非常に影響力があって印象的な題名の書物『教養と無秩序』（一八六九）の刺激的な見解によれば、「文化」は階級を廃絶しようとし、世界で最良と考えられ知られるものをどの場所でも最良のものにし、すべての人間を甘美な光あふれる環境の下で生活させようとするものだった。さらにふたたびアーノルドの『文学とドグマ』（一八七三）への序文を引用すれば、文化は人間の夢や欲望と彼らの意志の戦いが融合したものであり、それらを満たすことができるものである。すなわち、「文化は甘美さと光に対する情熱であり、（さらには）それらを広めようとする情熱である」。

「文化」は、意志の表明やまだ着手されていない使命という意味を持つ言葉として、近代の語彙の仲間入りをした。文化という言葉そのものが標語であり、行動への呼びかけであった。それは、こうした意志を説明する比喩的な概念（すなわち、農民と彼らが耕す畑を結びつける「農耕 agriculture」）であると同時に、不毛の土地を耕して種をまき、耕作によって豊かな収穫を得ることを意味した（キケロはこの比喩を用いて、若者のしつけを *cultura animi*（魂の耕作）と表現している）。また、この言葉は指導者《ソールズ》と呼ばれる比較的少数の洗練された教育者と、教化の対象になりたいと望む多くの人々、すなわち、保護者と保護されるもの、監督者と監督されるもの、教育者と教育されるもの、生産者と生産されるもの、ようするに主体と客体を分割するものだった。そしてそれらの人々の集合を想定していた。

文化は、知識を持っている人々（あるいは少なくともそれを持っているという自信のある人々）と無知な人々（教化されたいと熱烈に願う人々）の間の合意を想定していた。しかし、その合意には一方の側の署名しかなく、その合意も、アンシャン・レジームの埃の中から「新しい改善された」秩序を作り出す権利を求める、新興「教養階級」の独占的な管理の下で一方的に是認され、実現されたものだった。この階級の狙いは、新たに形成された国民国家《ネーション・ステート》の市民の役割を引き受ける人民に教育を施し、啓蒙し、向上させ、その品位を高めることだった。国民国家は、自らを主権国家の地位に高めるために、新たに形成された国民（ネーション）と、その国民の管財人、防御者、守護者の役割を求める、新たな国家の二つが合体したものだった。

「啓蒙のプロジェクト」は文化（土地の耕作に類似した活動と理解されていた）に、国民（ネーション）と国家、さらには国民国家の建設のための基本的ツールの地位を与えると同時に、そのツールを教養階級の手に委ねた。政治的な野望と哲学的な思考の間をさまよっていた啓蒙の事業の目標は、やがて具体化して（公然と表明されたか、暗黙のうちに想定されていたかは別にして）、住民の服従と同国人の団結という二つの根本原理となった。

「大衆（populace）」の増大は形成途上の国民国家に自信を与えた。労働者兼兵士の数が増えれば国民国家の力も増大し、安全の保障につながると信じられたからである。しかし、ネーション形成と経済成長という二つの取り組みの結果、余剰な人間が増えたために（本当は、望ましい秩序が生まれ、成長し、富の創造がその勢いを増したら、あらゆる種類の人々を屑鉄の山の上に投棄する必要があったのだが）、新たに確立された国民国家はやがて、その国境線の外側に新たな領土を求めるという急務に直面することになった。つまり、もはや自らの境界線の中に収容できない余剰人員を吸収してくれる領土が必要になったのだ。

遠方の領土を植民地化するという見通しが文化の啓蒙という発想の強力な刺激剤となり、まったく新しい世界的規模での改宗という使命が生まれた。「人民の啓蒙」という構想の合わせ鏡のように、「白人の使命」や「未開人を未開状態から救い出す」という考え方が編み出された。やがて、この考え方は、理論家の手によって、「先進的な」社会を疑問の余地のない完全な地位に引き上げ、その他の社会の手本にするという進化論的な文化理論にまとめられた。その他の社会は、この目標を追求しようとすると積極的な支援を受けたが、それに抵抗しようとすると強要されることもあった。こうした進化論的な文化理論は、「先進的な」社会に、地球上の他の地域の住民の改宗という役割を与えることになった。

すべての将来の構想や企てがこうした役割に集約され、宗主国の教養あるエリートは、自国の「大衆」を後回しにして、その作業にたずさわることになった。

ブルデューが自らの調査方法を考案し、発見したデータを収集し、解釈したのは、こうした教養階級の取り組みがその勢いや方向感覚を失い始め、役に立たなくなっていたころのことだった――少なくとも想定される未来構想を掲げていた宗主国の内部ではそうだったが、帝国の周辺ではそれほどではなく、そこでは地元民の生活を宗主国の中で採用されている基準にまで引き上げるのに成功を収めるかなり前に、宗主国から派遣された人々はそこを引き上げざるを得なかった。宗主国においては、その目標の表明から二〇〇年が経過し、国家が築き管理する広範な行政機関のネットワークが確立しており、自前の起動力や堅固なルーティン、前例重視の官僚制に依存できるほど強固なものになっていた。目標としていた生産物（「大衆」が転じて「市民集団」になっていた）は形成されており、新たな秩序の中での教養階級の地位も確立されているか、確立されていると受け止められていた。文化は今や自らの役割を、大胆で冒険心に富んだかつての十字軍や布教（ミッション）活動ではなく、定常装置にたとえるようになっていた。すなわち、風の変化や逆流から国民国家を保護し、嵐や気まぐれな天候の変化の中でも「船を正しいコースに導く」（あるいはタルコット・パーソンズ（一九〇二―七九）が当時人気のあった表現にまとめているように、「システム」に「自ら平衡を取り戻させる」）ために、それを守るジャイロスコープ（軸を安定させる装置）のようなものにたとえたのである。

ようするに、「文化」は興奮剤から精神安定剤へと変わり、近代の革命の武器から生産物の保管庫に変わっていた。「文化」は安定剤や定常装置やジャイロスコープ機能を果たすものとなったのだ。ブルデューの『ディスタンクシオン』に描かれている文化は、こうした機能を果たしているさなかの姿であり、（短命で、やがて消えてしまう）スナップショットのように捕捉され、動きを止められ、記録され、分析されたのだ。ブルデューの報告は、あらゆる知識の女神、ミネルヴァの伝説のふくろうが飛び立つタイミングを逃さなかった。つまり、ブルデューは沈みゆく太陽に照らされた風景を観察していたのだ。その陽はせまりくる黄昏の中に溶けていくその輪郭を一時的にくっきりと浮かび上がらせた。ようするに、ブルデューは文化をその定常的な段階でとらえたのだ。それは現状維持に奉仕する文化、単調な社会の再生産とシステム平衡の維持に役立つ、その地位を失墜する寸前の文化の姿であった。

このような文化の地位喪失は、「ソリッド」モダニティの段階から「リキッド」モダニティの段階への近代の変容を構成するさまざまなプロセスの帰結である。ここで私が「リキッド・モダニティ」と呼んでいるのは現段階の近代の条件のことであり、他の著者が「後期近代」や「第二モダニティ」や「超モダニティ」と呼んでいるものである。モダニティを「リキッド」にするもの、したがってこの名称の選択を正当化するものが、その自己駆動型で自己増殖型の強迫的な「近代化」であり、その結果、連続する社会生活のいずれの側面も液体《リキッド》のように、長期間その形を維持することはできない。「あらゆる堅固《ソリッド》なものの溶解」は当初から近代的な生活形態の持つ本来的で規定的な特徴であったが、今日のそれは、これまでと違って、溶解した形態が他のものに置き換えられることもなければ、他の堅固な形態――前のものよりも堅固で「恒久的」という意味で「改良された」と考えられ、溶解に抵抗する――と交替することもない。溶解し、永続的でない形態の場所に、同じように――よりいっそうというほどでないが――溶けやすくて、したがって、同じように永続的でない形態がおさまることになる。

少なくとも文化に対する要請が公にされ、吹聴され、熱心に読まれ、熱烈に議論される地球上の一部地域では、(想い起こせば、自己決定し自己確認するネーションや国家や階級ヒエラルキーの小間使いの役目をすでに解かれていた)文化は、自己再生型の社会的ヒエラルキーの召使いの役割を急速に失いつつある。これまで文化に託されていた任務は一つずつ奪われ放棄されて、他の手段や他のツールにとって代わられ始めている。創設者や運営者から課せられていた義務を解かれ、当初の布教の役割や後の社会の定常装置の役割から生じる義務から解放された文化は、今では個々人のニーズを満たし、個々の問題を解決し、個人生活の課題や諸問題への取り組みだけに焦点を合わせている。

リキッド・モダンの時代の文化は（それだけではないが、とくにその芸術的な分野は）、個人の選択の自由やその選択に対する個人の責任に合致するものになっていると言えよう。そしてその役割は、その選択が生活に不可欠で避けがたい義務であり、今後もそうあり続けられるようにすることなのにもかかわらず、その選択とその結果に対する責任は依然としてリキッド・モダンの人間の条件によって定められた場所、言い換えれば、「生活政治」のチーフ・マネージャーやその幹部に課せられたままだと言えよう。

私たちがここで語っているのはパラダイム転換やその修正についてではない。文化の歴史の中での（そして文化の歴史だけにとどまらない）「ポスト・パラダイム」の時代の始まりについて語っているといった方が正確である。「パラダイム」という言葉はまだ日常の語彙から消えてはいないが、（ウルリッヒ・ベックが述べているような）急速に拡がりつつある「ゾンビ・カテゴリー」、言い換えると「削除中」のカテゴリーに加わりつつある。しかし、適切な代替物がない状態では、（ジャック・デリダがかつて好んで述べていたように）まだパラダイムという言葉を手放すことはできない。リキッド・モダニティは、あらゆる種類のパラダイムに対する――そして事実上、順応主義やルーティンに奉仕する、つまりは単調さを押しつけ、予測可能性を維持している、あらゆる定常装置に対する――生命を賭けた不断の戦場である。このことは、これまで受け継がれてきた典型的な文化概念に当てはまると同時に、この概念が把握し、同定し、理解可能にしようとするもの（すなわち、人間の人工的な生産物の総和、あるいは人口の「自然な余剰」）にも当てはまる。

文化は今日、禁止ではなく提供、規範ではなく提示に関わるものになっている。ブルデューがかつて述べたように、今日の文化は誘惑を基礎にして魅力を生み出すことに関わっており、規範による規制ではなく誘惑による吸引や誘導、警察による監視ではなくPR、義務ではなく新たなニーズや欲望の生産、種蒔き、植え付けを主眼にしている。今日の文化が何かしら定常的な役割を果たしているとしても、それは現状維持の面ではなく、圧倒的に絶えざる変化（啓蒙の段階とは違って、方向のない変化、事前に確立されていない方向への変化ではあるが）への要求に関わっている。それは、社会の階層化や区分に役立つよりも、回転率重視型の消費市場に役立っているとも言えよう。

私たちの社会は消費者社会であり、その中で、文化は、消費者が経験する他の世界と同じように、消費物資の保管庫を自認しており、顧客になりそうな人々の非常に短命な関心を勝ち取ろうと競い合い、少しでも関心を引きつけておこうとしている。冒頭に記したように、厳格な基準や潔癖さを排除して、あらゆる趣味を公平かつ選り好みなく受け入れること、言い換えれば嗜好の柔軟性（一貫性の欠如を今日の「政治的に正しい」言葉に変えると）こそが、選択の一時性や一貫性とともに、今日、もっとも賢明で正しいと推奨されている戦略の印である。今日、文化的エリートの一員である証拠は最大限寛容で最小限気難しいことである。文化的な俗物は俗物性をことさら否定しようとするが、今日の文化的なエリート主義の原則は雑食性、言い換えると、あらゆる文化的な環境に家庭的なくつろぎを覚えながら、いかなる家庭も家庭とはみなさないことである。テレビ評論家で英国のメディアの批評家は、二〇〇七年の大晦日のプログラムが「あらゆる人々の嗜好に合った音楽エンターテインメントを提供する」と約束したことを賞賛している。「その普遍的な魅力は、あなた方の好みに応じて、ショーにのめりこんだり、視聴を止めたりできることにある」と彼は説明している。(5)ネットワークが構造に取って代わり、そうしたネットワークからの絶え間ない接続・切断のゲームと、接続と切断の絶えまない連続が決断や忠誠心や帰属に取って代わっている社会の中で、それは賞賛に値すると同時に、それ自体賞賛すべき文化的な供給の特質である。

ここで説明した傾向にはもう一つの側面もある。すなわち、芸術をかつての重要な機能の重荷から解き放ったことの一つの帰結が、皮肉なことに、芸術の受け手のみならず作り手の熱意が失われたことである。芸術について語られる場合でも、過去にみられたような敬虔さや威厳に満ちた口調で語られることはめったにない。強烈なショックもなければ論争が起きることもなく、刃物のような閃きもない。芸術家同士の優劣をめぐる議論が交わされても、熱烈になされることはなく、非難したり名誉を棄損したりするようなことも今では稀である。こうした状況の背後にあるのは当惑や自信喪失や方向感覚の喪失である。芸術家が果たすべき重要で重大な任務はなくなり、彼らの創作物に、選ばれた一握りの人々やエンターテインメントに富や名声をもたらしたり、その受益者に個人的な喜びをもたらしたりする以外の何の役目もないとすれば、一般の人々の興奮以外の何のものさしでその価値を判断したらいいのか？　マーシャル・マクルーハン（一九一一―八〇）がこうした状態を見事に要約したように、「芸術とは、それなしでもうまくやっていけるものである」。あるいは時代の先端を行くロンドンのアートギャラリーのお気に入りのダミアン・ハーストやその顧客になりそうな人たちが、イギリスの権威ある芸術賞であるターナー賞の授賞式で率直に認めたように、「あなた方が高校の上級レベルの美術作品や、ねじ曲った想像力、チェーンソー・アートなんかで満足できるなんて驚きだ」。

「文化」の概念をしだいに変容させてリキッド・モダンを体現するものにしようとする力は、市場を社会的・政治的・民族的要素のような非経済的制約から解き放とうとする力と同じものである。リキッド・モダンの消費者志向型の経済は、その供給物の過剰やその急速な高齢化、誘惑する力の時期尚早の衰退と歩調を合わせている。提供される商品やサービスのうちのどれが消費者の欲望を喚起することになるかを事前に察知するのは困難である。したがって、希望的観測から現実に目を転じる唯一の方法は、試みを増やし、費用のかさむミスを犯すことによってである。「新しくてよりよい」商品に置き換えることや、それらの調達と廃棄の間隔を短縮することで商品の回転率を上げるためにも、常に新しい商品を供給し続けることが責務である。またそれは、特定の商品に対する不満が商品のネットワーク上を行き交う消費者の噂話とからみあって全般的な不満に転じる恐れがある状況を避けるためにも責務である。

今日、文化は自らを、消費者に変化した人々が目にする、巨大デパートの中に設けられたさまざまな売り場の一つになぞらえている。これらの巨大デパートの他の売り場と同様、その棚は日替わりの魅力ある商品で溢れ、そのカウンターには最新の販促品が飾られ、宣伝する品は古くなるとたちまち消え失せる。棚の上に展示された品々は、カウンター上の宣伝物とともに、抑えがたい本来的につかの間の気まぐれを呼び覚ますよう計算されている（ジョージ・スタイナーの有名な言葉のように、「最大限のインパクトを与えたら即座に時代遅れになるように作られている」）。商品を扱う人々や広告を作る人々は、自分の仲間から賞賛を浴び、優越感を味わうために、誘惑の技《わざ》と潜在的な顧客の衝動を結びつけようとする。

ようするに、リキッド・モダニティの文化には啓蒙し教化する「大衆」は不在だが、誘惑する顧客なら存在する。誘惑は、啓蒙や教化とは対照的に、唯一無二のものでもなければそれだけですべてをまかなえるものでもなく、変更がきくものである。文化の役割は既存のニーズを満たすことではなく、すでに定着していて安泰そうなニーズを維持しながら、新たなニーズを掘り起こすことである。その主な関心事は、今では顧客に変わった人々が古い商品やサービスで満足するのを妨げ、彼らがそれで満足しきってしまうのを妨げることである。それで満足されてしまうと、それ以外のニーズやまだ満たされていないニーズの入り込む余地がなくなるからだ。

第２章

# 流行、リキッド・アイデンティティ、今日のユートピアについて

## ——二一世紀の文化的傾向

ゲオルク・ジンメル（一八五八―一九一八）によると、「流行」は「決してそのままではない。それは常に『生成』の状態にある」。物理的なプロセスとはまったく対照的だが、「永久機関」の考え方に従って、流行が常に流転状態にある（つまり、永久にその仕事を続ける）のは想像できないことではない。

しかし、想像もできないことは、流行が起動を始めた後に、その自己増殖的な変化の連鎖が途絶えることである。実際、流行のもっとも大きな特徴は、この世界の中で「活動を行っている」過程や、活動を行った後でも「生成」の勢いがまったく失われないことである。流行はその「生成」のエネルギーや勢いが失われないだけではない。その影響力やそのインパクトの痕跡が蓄積するにつれて、その駆動力はむしろ増していく。

流行が単なる一般的な物理的プロセスだとすれば、それは、あらゆる自然法則を打ち破る怪物的で異常なものといえよう。しかし、流行は物理的な事実ではなく、社会現象である。

社会生活はそもそも一つの途方もない装置である。つまり、それは自ら「エントロピー」の呪いを免れる場を作り出すことで、熱力学の第二法則を無効にしてしまおうと、ありとあらゆることを行う。エントロピーとはいわば「機械的な作業に活用することのできない、システム内のエネルギーの総和を示す熱力学的な量」のことであり、その量は「物質やエネルギーの減少に伴って増大し、最終的には停滞した同質的な状態になる」。慣性が引き起こす同質的な状態が「最終的な状態」ではなくその逆である流行の場合、エントロピーの状態に達する見通しは常に後退していく。つまり、人間の営みや生態が流行の論理に従えば従うほど、規制もきかなくなり安定性も実現できなくなる。それはまるで、流行に一種の安全弁が備わっていて、適合によって生じるエネルギー喪失（その欲望は、皮肉なことに、常に「生成」の状態にある流行のプロセスを保とうとする基本的な人間の衝動の一つである）の結果、流行の持つ誘惑の力がそがれるだけでなく、減速の恐れが高まるずっと前の段階で、その弁が開くかのようである。エントロピーがいわば多様性の度合いを測る物差しだとすれば、流行（繰り返すならば、それは差異に対する嫌悪感と画一性に対する欲望からその生命力を引き出す）

は逆に、エントロピーが均して最終的には完全に除去することを約束する差異や不平等、差別、不利な条件を倍増させ、強化する。

このように、物理的な世界では不可能な永久機関（エネルギーを集めながら消費していく自己永続的なプロセス）でも、「社会化された世界」の中に置かれたとたんに標準となる。それはどのようにして可能なのか？　ジンメルはこうした疑問を投げかけ、説明を行っている。それは二つの同じように強力ですべてを包含する人間の欲望と願望――二つの切り離せない、ただし、常に対立していて、そのまなざしは反対方向に注がれている――の対立を通じて発生する。もう一度物理学の専門用語を借りれば、流行の「生成」とは、その運動エネルギーがしだいにしかし完全に、何のロスもなく、ときには何かを獲得しながら、対抗運動の運動エネルギーに変化しうる、特殊な振り子のようなものと言えよう。その振り子は揺れ続け、方向変化に際してのエネルギーのロスさえなければ、決して停止することはない。

ここで語られている矛盾した願望や欲望は、グループや組織の内部に見られる帰属感への願望であると同時に、個性やオリジナリティの感覚を得るために他の人々と違っていたい欲望でもある。帰属への夢であると同時に独立への夢でもある。社会的支援に対する願望であると同時に自立への要求でもある。みんなと同じでありたいという願望であると同時に独自性の追求でもある。ようするに、すべてのこうした矛盾は、安全への憧れのために手を握る必要性と、自由への憧れのために自由にさせておく必要性の間の対立ということになる。あるいは、この対立を別の視点から見ると、異なっていることへの恐怖心と個性を失うことへの恐怖心の対立、もしくは孤独に対する恐怖心と孤独を失うことへの恐怖心の対立とも言えよう。

（大半の?）結婚と同じく、安全と自由はお互いがいないと存在できないが、その共存は容易でない。自由のない安全は束縛につながり、安全のない自由は慢性的な不確実性につながり、神経衰弱に陥る恐れがある。万が一、パートナー（あるいはもうひとりの自分）と帳尻を合わせたり、関係の修復を図ったり、なだめたりする試みがいずれも不調に終れば、安全も自由も、熱烈に求められる価値から眠れない夜の悪夢へと変わる。安全と自由は互いに独立していると同時に排除し合っている。それらは互いに目盛りの異なる秤を持って引き合い反発し合っており、これらの矛盾する感情の相対的な割合は、その頻繁に起こる（日課とみなされるくらい頻繁に起こる）「中庸」からの逸脱と足並みをそろえて変化するため、それらの間でいくども妥協が図られる（長続きしないことが多いが）。

これらの欲望と価値の間のバランスをとり関係の修復を図ろうとするいかなる試みも不

調に終わるか、不安定で脆弱すぎるために、確実性の持つオーラが生じずに終わる。ゆるんでしまっている部分を締め直すことも必要だが、急に力を加えると軽くて薄い関係のネットワークが壊れてしまう恐れがある。こうした理由から、和解を試みようとしても、その熱烈に追及される目標が達成されることはない（それが公認されているか秘密であるかにかかわらず）。こうした理由もあって、それらは別れることができない。安全と自由の共生は、常に激しくて緊張をはらんだものとなる。その本来的で解決しがたいアンビヴァレンスこそ、無尽蔵な創造のエネルギーと強迫的な変化の源泉である。永久運動が可能なのは、こうした理由による。

ジンメルによれば、「流行は特殊な生活形態であり、社会的平等に向かう傾向と、個々人が独立する傾向の間で妥協を図ろうとする[1]」。この妥協は、もう一度繰り返せば、「恒久的な状態」ではありえず、一回限りであり、すべてが固定されてしまうことなどありえない。そこには消せないマーカーで「追って通知するまで」という言葉が書き込まれている。この妥協も、流行と同じで、決して「そのまま」ではありえず、常に「生成」の状態にある。それは停止した状態ではいられず、継続的な再交渉が必要である。異なることへの衝動や、人込みや過当競争を逃れたい衝動に駆り立てられた大衆の最新（あらゆる瞬間の）の流行の追求は、現在は奇抜なものを即座にありふれた俗悪で浅薄なものにしてしまう。あるいは、ほんの一瞬目を離したり瞬間的に手品の速度を落としても、目指すものとは反対の効果、すなわち、個性の喪失をもたらす可能性がある。今日の「人に先駆けている」証拠が即座に得られねばならないのに対し、昨日のそれは即座にごみの山の上に投棄されなければならない。「すでに流行遅れになってしまったもの」をじっと見守ることよりも、（その時点で）新たに更新されたものに目を注ぐことへの義務を優先させねばならない。こうしたライフスタイルは、それを楽しんだり求めたりする人々によって表明され、他の人々に伝えられ、流行の変化というシンボルを手にすることで公に認知されるが、最新のトレンドのシンボルを誇示することや、もはや流行遅れになったものを持たないことによっても明らかにされる。

流行という永久機関は、事実上あらゆる静止状態の破壊者であり、その点で豊富な経験を持ち、非常に有能である。流行は、あらゆるライフスタイルを恒久的で果てしない革命状態へと追い込む。流行という現象は世界の中の恒久的で普遍的な人間の属性や、それらの取り除くことのできない対立と密接かつ強固に結びついているがゆえに、その外見が一つないし二、三の選ばれたライフスタイルに限定されることはない。流行は、歴史上のあらゆる時代や、人間が居住するあらゆる地域、あらゆる文化に絶えず変化を引き起こし、それを人間のライフスタイルの基準に作り直す役目を引き受けてきた。ただし、それを運営する機関と同じく、そのあり方は時代とともに変化する。今日の流行という現象形態は、人間の条件の常に変わらない側面である消費市場による植民地化や搾取によって規定されている。

流行は「進歩」の主要な原動力の一つである（すなわち、取り残されるか、新しいものにとって代わられたものをことごとくけなし、中傷し、貶める）。しかし、「進歩」という言葉は、その当初の使用法とはまったく逆に、商業的なインターネット・サイトに登場する場合、危険から逃れたいという希望よりも、危険から逃れることに伴う脅威と結びついている。それは努力目標を明示するのではなく、努力が必要な理由を明示する。「進歩」は今日の言葉の用法では、何よりも、私たちの願望とはおかまいなしに、私たちの感情とは無関係に生じる、停止させられないプロセスを指す。つまり、それは「それを倒せないのならそれに加われ」という原則に従って私たちに服従を求める、とどめることのできない圧倒的な力を持つプロセスである。消費市場によって教え込まされた信念によると、進歩は怠惰や無精にとって重大な脅威である。「進歩の輪に加わる」ことや「進歩を追い求める」ことへの責務は、常に切実に感じられるものであり、非個人的な社会的要因による個人的な災難を免れたいとの願いに駆り立てられるものである。それが喚起するものは、ヴァルター・ベンヤミン（一八九二―一九四〇）がコメントしたクレーの絵の中の「未来へと飛翔する」歴史の天使、すなわち、未来に背を向けた天使の姿であり、そこで天使は、前の逃走の後に残された、腐敗して異臭を放つ遺物を目にして感じた嫌悪感に駆り立てられている……。ここで、マルクスの言葉を借りれば、歴史の天使の叙事詩的な悲劇は、市場が駆動する流行によって形成されて、妖怪じみたものに変化する。

ようするに、進歩は生活の改善の言説から、個人の生き残りの言説へとシフトしている。進歩はもはやスピードに対する欲望の文脈の中で語られるのではなく、軌道から落ちないようにしたり、レースを失格になったりレースから排除されるのを避けようとする必死の努力という文脈の中で語られている。私たちは「進歩」を自分のステータスを高める文脈の中ではなく、失敗を避ける文脈の中で考えているのだ。たとえば、ブラジルが今年の「太陽の照る唯一の冬場の旅行先」になるというニュースを聞くと、人々は、自分と同じ願望を持つ人たちは今年、去年と同じ場所には行かないと結論づける。あるいは昨年流行した「ポンチョは片づけ」なければならないと解釈する。今年もそれを着ていると（時間は停止したままではないので）「らくだのよう」に見えてしまうからだ。おまけに、昨シーズンは「定番」だった細縞のスーツやＴシャツも流行遅れであることを知る。なぜなら今では「誰もがそれを着ているからだ」等々。時間は通り過ぎる。大事なことはそれと歩調を合わせることである。溺死したくなければ波乗りを続けなければならない。これは言うなれば、できるだけ頻繁に衣服や家具、壁紙、外見、習慣、ようするに自らを変え続けなければならないということだ。

いったん、消費市場の巧妙な取り組みが実を結び、文化が流行の論理に従うようになると、私たちは、自分自身であるためや、そう見られるために、自分が他の誰かでありうる能力を証明することが必要になる。自らのアイデンティティ探しのモデルはカメレオンのようなものになる。あるいは、伝説に登場するプロメテウスのようなものともいえよう。自由自在に他のものに変わったり、（どれほど本来の姿とかけ離れていようと）思うまま形を変えたりするその神話的な能力をルネサンスの時代のピコ・デッラ・ミランドラ（一四六三―九四）が絶賛したあのプロメテウスである。今日のすべてを包含してしまう文化は、人々に、まるでシャツや靴下を変えるように、自分のアイデンティティ（あるいは少なくともその公的な外観を）を、頻繁に、そして素早く効率的に変化させる能力を身につけるよう求めている。そして、消費市場は、ほどほどの値段やそれほど高くない値段で、人々が文化の勧告に従って、こうしたスキルを身につけるのを支援する。

ものを所有することから、捨て去り、スクラップにし、処理することへの焦点のシフトが消費志向型社会の論理と完全に合致することは、当然すぎてつけ加えるまでもなかろう。昨日の服やコンピュータや携帯電話を取っておく人は、経済にとって災いの元になりうる。その主な関心事とその生存に不可欠なものが、購入し獲得した品物をすぐさま廃棄物の山の上に捨てることである経済、言い換えると、その脊柱がガラクタの廃棄物である経済にとって。

逃亡はもっとも人気のある（そして実際には強制的な）娯楽である。今日の軍隊はもはや強制的な兵役義務を求めておらず、それを遠ざけようとさえしている。しかし、市民兼消費者の共通の義務、すなわち脱走すると（社会的な）重罰の対象となる義務は、流行に忠実であり、流行に敏感であり続けることである。意味論的に言えば、逃亡はユートピアとは真逆のものだが、心理的に見ると、今日活用できるユートピアの唯一の代替物であることがわかる。これは、規制緩和され個人化された消費者社会の要求に叶った、最新のユートピア解釈であると言えよう。人々がもはやこの世界をもっと住みやすい場所にするという本当の望みを真剣に受け入れることができないのは今日明らかである。しかし、人々は（流行からの、「進歩」からの）保護手段、すなわち、少なくともしばらくの間は、この世界の中で自分自身が努力してようやく獲得した比較的好ましい、プライベートな場所に魅せられるのかもしれない。

私たちの個人的な関心事や努力もつまるところ失敗を避けることに行き着く。生き残りの闘いのためには、完璧で水も漏らさぬ注意、週に七日の寝ずの番が必要であり、そしてとりわけ、できるだけ動きの早い、絶えまない運動が必要なのだ。

著名なポーランドの劇作家で多くの文化に精通したスワボミール・ムロジェック（一九三〇―二〇一三）は次のように述べている。「昔、われわれは自分の不幸を当時の経営者であった神のせいにし、神がうまくことを運ばないからだということで一致していた。そこで神をお払い箱にして、自分が経営者になった(2)」。しかし、ムロジェックによると、信頼に足る反教会的なやり方によっても経営は好転せず、改善することはなかった。というのも、私たちのよりよい生活への夢や希望が、完全に私たち自身の自我に集中し、私たちの全身全霊を傾けた改造に集約されてしまうと、「われわれの野望や誘惑には限界がなく、利己心が増殖し、あらゆる制約が取り払われなくてはならない」からだ。「私は次のように言われた。『自分で決めよ。自分自身の生活を工夫せよ。ただ欲するままに段取りを整えよ。少しだけではなく、初めから終わりまで』。しかし、助けもなく、リハーサルも試験も誤りも訂正もなく、しかも疑いも抱かずに、私にそれができるだろうか？[3]」。限られた選択肢しかないという苦痛は、それに劣らない別の苦痛に取って代わられた。しかし、今度は不確実性に直面して、取り消しのきかない選択を行う義務を負っている。そして次なる選択の有効性に対する信頼はない。ムロジェックは、私たちが住んでいる世界と、「自分自身の『自己』を探し求めている大勢の人々に囲まれた」貴賓席の間には密接な類似点があるとしている。「あなた方は永遠に変化し続けることができる。限りない自由がある……。だからわれわれの『自己』を探そうではないか。なんと楽しいことだろう――それを探し出せないと、パーティは終わってしまうだろう[4]」。

不確実性が持つ力をそぎながら、幸福を恒久的かつ安全な条件に変える（消費の変化という手段によって、持続的かつ連続的に『自己』を変化させることで）という特異な発想は、今日のユートピアの具体化そのものである。それは、そもそも「ハンター」（「ソリッド」モダニティの時代の主人公であった「庭師」や、前近代の「狩猟管理人」に取って代わった）に適したユートピアであるだけではない。それは、かつての「善き社会」の夢の「規制緩和」「民営化」「個人化」バージョンとなるユートピアでもある。言い換えれば、そこに生きる人々の人間性や、その人間性を保証するものに適した環境でもあるのだ。

狩猟はリキッド・モダニティの段階のフルタイムの仕事である。それは法外なまでの注意力とエネルギーを費やすものなので、その他のものに時間を費やす余裕はなくなる。それはその仕事にはもともと終りがないことに目を向けないようにさせ、まるで「ギリシアのカレンダー」（存在しない日付のたとえ）を繰っているかのように、それを終わらせられないことに気づくのを先延ばしする。ブレーズ・パスカル（一六二七―六二）が何世紀も前に述べたように、人々は自分のことを考えずにすむ緊急で手間のかかる仕事だけを探し求め、それによって、自分たちの目標を、魅了し誘うような魅力的なものにする。人々は自らの「不幸な条件」のことは考えないようにしたいと願っている。すなわち、「これが狩猟を好む理由である」「何かを所有したからといって、それで死を考えずにすむわけではないし、悲惨に向き合わなくてすむわけでもない。しかし、狩猟はそれを可能にしてくれる」[5]。パスカルの考えは商業的な代行業者のおかげで今日現実のものとなっている。

狩猟は麻薬のようなものである。一度味わうと習慣になり、内部の要請となり、強迫的なものとなる。ウサギを追い詰めてしまうことが不愉快な失望であるのは明らかであり、さらなる狩猟への抵抗しがたい誘惑となる。なぜなら、狩猟の成功に対する期待こそ全体の出来事の中でももっとも愉快な（唯一の愉快な）経験となるからだ。ウサギを見つけると興奮つまりは期待を高めることに終止符が打たれてしまう。欲求不満を和らげるただ一つの方法は、ただちにわくわくするような次の狩猟を計画し開始することである。

これはユートピアの終わりなのか？　ある意味では終わりである。つまり、初期の近代ユートピア思想は、不安を呼び起こすような混乱から解放されたいという欲望に駆り立てられていた。言い換えると、障害物競走や耐えがたい困難を終わらせたいという夢であり、フィニッシュ・ラインの向こうにある涅槃への夢、時間が停止し歴史がアクセスを拒まれる場所に対する夢であった。しかし、ハンターの生活には、確実に職務が終わり、審理が決着し、使命が完うされると言える瞬間は入り込む余地がないし、唯一の希望は休息でもないし、蓄積された戦利品の中での生活でもない。

ハンターの社会では、狩りの終了の見通しは慰めではなく、恐ろしいものである。それは結局のところ、個人にとっては敗北の瞬間となる。狩りの角笛が新たな冒険を告げ、猟犬は吠え、過ぎ去った心躍る狩りの夢をふたたび覚ます。周囲の人々は自らの獲物を追うことに夢中で、新たな刺激や喜びの声が途切れることはない……。私一人がそこからのけ者にされ、排除され、追い出され、その楽しみを奪われ、否定される。フェンスの背後から他の人たちがはしゃぐ姿を見ることは許されても、それに参加することは拒まれる。狩りの生活が私たちの時代のユートピアだとすれば、それは、かつてのユートピアとは対照的に、終わりのない冒険のユートピアである。それはまったく不可解なユートピアである。かつては道が終点に近づき努力が報われるという見通しに魅せられたのに、ハンターのユートピアは、道が終わることも努力が終わることもないことへの夢である。努力を掻き立てるのは、旅が終わることではなく、それが果てしなく続くことである。

それは不可解で非正統的なユートピアだが、それ以前のものと同様、結局のところ、未達成という報酬や、過去・現在・未来のすべての人間の諸問題への決定的かつ根源的な解決策、人間の条件につきもののあらゆる病や悲哀への決定的で根本的な解毒剤を提供するユートピアである。それは、遠い未来の「そことその後」から現在の「ここと今」への解決と癒しの地を生み出す非正統的なユートピアである。ハンターにはユートピアに向かう生活ではなく、ユートピアの中での生活が提示される。「庭師」にとってユートピアは道の終点であるのに対し、「ハンター」にとっては、道そのものがユートピアである（この場合、私たちは、「ユー・トピア」という言葉を「ユー・ヴィア（U-via（道））」に変えるべきではなかろうか？）。

庭師たちは道の終点にユートピアの実現とその最終的な勝利を見ていた。しかし、ハンターにとって道の終点に到達することはユートピアの最終的な恥ずべき敗北を意味する。憤りに屈辱感が加わる結果、それは個人的な敗北となる。他のハンターが狩猟を止めることはないので、続行されている狩猟から排除されることは不名誉と恥辱に等しいものとなり、とどのつまりは、自らの欠陥を晒す不面目となる。

漠然としたどこかから生じて具体的な「ここと今」に至ったユートピア、言い換えれば「切望される」ユートピアではないすでに生きられたユートピアは、未来における経験という試練を免れている。それはどの点から見ても不朽のものである。しかし、そのユートピアはその不朽性を、それがかつて魅了し、誘惑したすべての人々のもろさや感じやすさという犠牲を払って獲得する。これが、要するに、流行という現象の基礎である。私たちがここで語っているのは、リキッド・モダンの生活とそのユートピアについてというよりは、流行についてかもしれない……。

かつてのユートピアとは対照的に、リキッド・モダニティのユートピア、ハンターのユートピア、あるいは「ユー・ヴィア」、常にとらえどころのない流行の追求の周りを回転する生活のユートピアは、それが本物であろうが偽物であろうが、人生に意味を与えることはない。それは単に私たちの頭から人生の意味の問題を払いのけるのに役立つだけである。人生の旅を利己的なものさしによる終わりのないシリーズものに変更しようとしたり、経験されるそうしたエピソードをそのシリーズの次章の導入部にしようとしても、それによってその方向性や人生の意味について考える機会がもたらされることはない。そうした機会がようやくもたらされ、つまりは、ハンターの生活から離脱するか、そこから排除される瞬間が訪れて、自分の人生を振り返り、今後の方向を変えようとしても通常は手遅れである。そしてまた、「既存の」自分の生活スタイルに異議を唱えたり、その意味に疑問符を投げかけて何らかの結果を得ようとしても間に合わない。

流行の学習、アイデンティティをめぐる諸問題、あるいはユートピアの変容は、ウィリアム・ブレイク（一七五七―一八二七）がその中に「世界を見」ようとした「砂粒」のほんの一端にすぎない。ようするに、「手の平に永遠をつかみ」、それをしっかりと握る一つの方法にすぎない。これらの一握の砂の中でほのかに光る世界は、私たちみんなが共生し、リキッド・モダンの時代のネイティヴである世界である。そして、私たちが過去を振り返る中でとらえられる無限のものは、私たちの生活世界、つまりは私たちによって経験される世界である。ようするに、それは文化の歴史的な宿命の下で生きる、私たちや他の芸術家たちの生活様式によって形作られる世界なのである。

第３章

# ネーション形成の文化から
# グローバリゼーションの文化へ

第1章で触れたピエール・ブルデューのふくろうが飛び立つと「せまりくる黄昏の中に溶けていく」文化の輪郭については、「自己平衡システム」のプリズムを通して記述され説明された。このシステムは「ソリッド」モダニティ段階の国民国家の研究者や賞賛者によって熱望され絶賛され、早い段階から幾度も祝福され歓迎された。首尾よく機能する定常装置（システムの偏りをただすかなくして、恒常性を回復する装置）は耐久性のある不変のシステムの生存に欠かせないものだった。それゆえ、恒常的な性質や効果の面から社会のすべての要素や側面を規定し評価しようとする衝動は、こうしたシステムに自らをなぞらえ、そうありたいと望む、ソリッド・モダンの社会の持つ本来の性質だった。

国民国家がそうした期待や希望を育む一方で、定常的な性質を好むことは当然とみなされていたようである。また、そうしたシステム安定効果を、それを引き起こす現象の「機能性」（いわば有用性や望ましさ）の基準として受け入れることも、異論の余地がないほど自明なものに思えた。しかし、国民国家がこれらの期待や願望を放棄するよう強要され促されるようになると、その基盤も不動のものではなくなった。システム安定効果を基礎にした各種制度の「機能性」（繰り返せば、有用性や望ましさ）という尺度も、もはやさほど自明のものではなくなり、反論できないほど正しいものにも思えなくなった。

システムの単調な自己再生に対する期待があるかぎり（しかし、もはやなくなっている）、定常的な文化観も批判に耐えることができた。しかし、そうした期待も収まり始め、やがてグローバリゼーションの圧力の下、当初は気乗り薄だったが、やがて明らかに、そして望み通りに、従来の文化観は完全に放棄されねばならなくなった。期待の喪失に伴う副作用はシステムの輪郭線が不鮮明になり、その虚構性がしだいに顕わになったことである。そして最終的に、領土主権という幻想も消え去り、それに伴って、自足性や自己再生度、自己平衡システムの強度によって国民国家を支えようとする傾向も消え失せた。

グローバリゼーションの影響がもたらすもっとも深刻な結果（とりわけ、権力と政治の分離と、その結果としての国家の伝統的機能の衰えと国家によるその放棄、さらにはそれらの機能が政治の監督から解放されたこと）については、社会学や政治学の書物によって徹底的に検証され、詳細に記述されている。したがって、ここではグローバリゼーション・プロセスのほんの一側面の記述にとどめることにしよう。その一側面とは、変化する研究や文化理論のパラダイムの文脈の中でもほとんど議論されてこなかった、グローバルな移住の性格の変化についてである。

人々の大量移住や大規模移住は（初期中世にみられた諸民族の移住とは逆に）、終始一貫してまた当初から、近代的な生活方法と近代化に不可欠なものだった。それは、近代化の二つの重要な構成要素である秩序形成と経済成長が国内に不要の烙印を押された人々、すなわち秩序形成と経済成長の廃棄物ともいえる人々を増大させたことを考えると、不思議なことではない。次の三つの段階が近代の移住の内訳である。

第一段階は「当時地球上で」唯一「近代化されていた地域」（すなわち、唯一の人口過剰な地域）であったヨーロッパから「無主の地」（先住民の人口が過剰でも、強力なヨーロッパ人がそれを見落としたり、存在しないとみなしたり、その将来の計画や計算に合わないとみなしていた地域）への六〇〇〇万人余りの移住である。「無主の地」における大量虐殺や大規模な伝染病の発生後どれほど多くの先住民が生き残っていたかにおかまいなく、新たに移住してきた人々は、自国の文化的エリートがすでに国内で試みており、今や「白人の使命」というイデオロギーにまで格上げされていた、もう一つの「教化」を実行に移さなければならなくなっていた。

第二段階は最初の植民地拡大に伴う移住とは一八〇度方向が変わった。すなわち、植民地帝国の衰退に伴って祖国に帰還する人々の後に、教育程度や「文化的洗練」度がまちまちな植民地住民が続いて移住した。それらの人々は宗主国の都市に住みつき、そこでただ一つの世界観や戦略モデル、すなわち、国民形成の初期段階に文化的・言語的なエスニック・マイノリティに対処する方法として生み出された同化モデルにうまく適合することができた。近代国家の支援によりなされる国民統合のための同化に向けて、新来者らは「マイノリティ」に転じ（確信や熱情や成功のチャンスは明らかに減りつつあったが）、文化的十字軍や文化闘争、改宗の使命の対象となった。この近代の移住史の第二段階はまだ終わっていない。新たな状況はまだ見通せないが、その残響ならときおり政治家による公式表明という形で明らかにされることがある（「政治的な正しさ」という点から、それらは「市民教育」や「統合」に対する要請という形をとるが）。

近代の第三の移住の波は、それを押し戻そうとする懸命の努力にもかかわらず、しだいにその量や勢いを増しており、今やディアスポラ（離散）の時代が始まっている。それはかつての帝国や植民地時代のエピソードに満ちた経路を無視するもので、それに代わって、現在のグローバリゼーションに特有の生活資源のグローバルな再配分と生き残りのチャンスを求めるものであり、民族的・宗教的・言語的な面で無数の島々のような様相を呈している。ディアスポラは多くの正式な主権国家の領土に分散している。彼らは、現地のニーズや資格を優先すべきとする現地住民の主張を顧みず、二重の（あるいは複数の）市民権や二重の（あるいは複数の）忠誠心を主張している。今日の移住が初期段階のそれと異なっている点は、その多くの経路が公平であることと、今や移民や移住のためだけの国は存在しないという点である。もはや帝国や植民地の時代の名残りかどうかも定かでない移住経路が一時的に形成されたり、再形成されたりしている。

この第三の移住の波は、アイデンティティとナショナリティ（国籍）、個人とその居住地、物理的な隣人と文化的なアイデンティティ（あるいはもっと簡単に言うと物理的・文化的な近接性）の間にかつて存在した断ち切りがたい絆に疑問符を突きつけている。コミュニティの柔軟な境界線についての鋭敏で先見性のある観察者ジョナサン・ラザフォードは、自分の住むロンドンの街角の住民は、ほんの数ブロック内に密集している小集団から広大なネットワークを持つ居住地に至るまで、文化や言語や習慣の面でまったく異なるコミュニティに属していると述べている。それは、とりとめのない、スポンジのように多孔質な境界線から成る地域社会であり、そこでは、誰がそこに合法的に帰属し、誰が新来者なのか、誰が在住者で誰が侵入者なのかを確かめるのは困難である。こうした地域社会の中で生活している私たちはいったいどこに属しているのだろうか、とラザフォードは問いかけているが、それに対して答えを出してはいない。これは私たちが故郷と呼ぶものなのか？ そして私たちが過去を振り返って、どういういきさつで私たちはこの地に住むことになったのか想い起こすとき、どんな話がもっとも私たちに当てはまると感じるだろうか？[1]

私たちヨーロッパ人の多くは、今日、ディアスポラの状態で生活しているか（どのくらい広範囲にわたっているのか、どのくらい広範囲にわたっているのか、どの方向に向かっているのか？）、もしくはディアスポラの間で生活を送っている（どのくらい広範囲にわたっているのか、どの方向に向かっているのか？）。「違いがありながら生きる技《わざ》」が初めて日常的な問題になりつつある。この問題は、人々の間の違いが単なる一時的な頭痛の種と感じられなくなって初めて生じたのかもしれない。これまでとは異なり、見知らぬ人間と隣り合わせの生活はずっと続きそうであり、そのため、自分と違う暮らし方をする人々と日常的に共生する術を学ぶ必要がある。さらに言えば、我慢するだけにとどまらず、双方にとって有益な――私たちを隔てる違いにもかかわらずというだけでなく、その違いのゆえに有益な――共生が必要になっている。今日、居住地によって決定される権利（あるいは実際のところ、居住地によって制限される権利）や、いわば「帰属権」という発想の代替案として推進されている「人権」は、結局のところ、違いに対する権利である。

この新たな基本的人権の解釈は、少なくとも相互寛容の基礎になろうとしている。しかし、それは今のところ相互の結束の基礎とはなっていない。この新しい解釈は、従来の文化間の上下関係を弱めると同時に、あらかじめ定められたゴールに向かうことになっていた、自然で「進歩的な」文化の進化としての同化モデルを破壊している。価値論的に言って、文化同士の関係はもはや垂直ではなく水平である。すなわち、いかなる文化もその優越性や「先進性」を根拠にして、他の文化に従属や卑下や服従を求めることはできないし、その資格もない。今日のそれぞれの生活スタイルは様々な方向に漂い、必ずしも一致した方向には向かわず、接触しては離れ、接近しては距離を隔て、抱擁したり拒否したり摩擦を起こしたり、互いに経験やサービスのやり取りを開始したりしている――そして、今日のそれぞれの生活スタイルは、（ジンメルの記憶すべき言葉を言い換えれば）完全に同じ重力かほとんど同じ重力を持った文化同士が宙吊りの状態でやりとりしている。安定していて、疑問の余地のないヒエラルキーと一方向的な進化の道という考え方も、今日では、異なっていることへの承認を求める闘いに席を譲っている。これは帰趨が予測しにくく、その確実性を当てにできない衝突であり、闘いである。

ふさわしい支点が見つかりさえすれば世界をひっくり返すと約束したとされるアルキメデスの故事に倣って、次のように言うことができよう。明白で争う余地のない文化のヒエラルキーが提示されれば、どの文化がどの文化に同化するか、どの文化の特異性やユニークさが消滅する運命にあるのか、どの文化がその本領を発揮して優位に立つのか、正確に予測できる、と。ところが、私たちは明確な未来像を提示されていないし、提示されそうもない。

今日のグローバルな人口移動は広範囲に及んでおり、増大を続けている。各国政府は、移民の避難所へのアクセスやその権利を制限すること、言い換えると、避難所を求める権利や苦境に対する支援を制限することによって、自国の有権者の支持を勝ち取ろうとしている。しかし、そうした取り組みにもかかわらず、現代版「民族大移動」は早期に終息しそうにない。政治家や彼らが雇っている弁護士は、資本・通貨・投資の自由な移動や、自らの利益を追求する歓迎されるビジネス関連の人々と、あからさまな敵意にさらされながらも地元有権者との競争に勝って職を得ようとする移住者の間に線を引こうと躍起になっている。しかしながら、そうした線を引くのは容易でなく、防備を強化したり、通り抜けられないようにしたりするのはなおさら難しい。商品の回転率の自由化が労働力の自由化（や商品に対する潜在的な需要）とマッチしないと、それを待ち望んでいる消費者の熱意と投資家の情熱もすぐにしぼんでしまうだろう。

自由に移動する「市場の力」が「経済的」移住者の移動性の増大に大きく貢献していることは否定できない。領土主権を持つ政府ですら、ときおり、ためらいがちにではあるが、それと協力せざるをえない。両方の力はともに、あるいは少なくとも一方は、理論よりも実際的な面で、政治的な利益を得たいと願っている。サスキア・サッセン〔一九四九―。コロンビア大学社会学部教授〕の行った調査によれば、超領土的機関の行動は、地方政府のそれと同じく、その代弁者がどう言おうと、全体としては、移住を抑えるよりも強化している。(2)伝統的なローカルな交易が破壊された後、所得やそれを取り戻す望みを奪われた人々は、「人間貿易《ライブトレード》」に従事する公的機関を装った犯罪組織の餌食になりやすくなっている。一九九〇年代、犯罪組織は不法移住を手助けすることで年間およそ三五億ドルも稼ぎ出した。これには「見て見ぬふりをしている」政府からの暗黙の支援も無視できない。たとえば、フィリピン政府が財政赤字の一部を利益の上がる労働力輸出で埋め合わせしようとしたとき、日米両政府は法律を作って、(低)賃金でも働こうとする地元労働者の深刻な不足に悩まされている職業分野への外国人労働者(いうなれば、地元労働者ほど自分本位でない人々)の導入を許可した。

すべてのこうした圧力が合流した結果が、エスニック・ディアスポラの世界的な増大である。人々は全体として、経済成長と経済危機のサイクルと同じように不安定な状態におかれ、あらゆる連続的なサイクルの後には、受け入れ国に必死に適応しようとする移民たちの定住現象が起こる。たとえ、最近到着した人々が好景気の波に乗り続けたいと思っても、自分たちをその国に引き寄せた移民法の存在が、今度は克服できない壁となる。実際のところ、移民には受け入れ国の中で「エスニック・マイノリティ」の運命を受け入れる以外の選択肢はなく、地元民はディアスポラに囲まれて過ごす生活に備えるしかない。両者はともに、コントロールのきかない不利な現実に対処する方法を見つけることを期待されている。

ジェフ・デンチは、英国のあるディアスポラについての綿密な研究の結びの部分で、次のように指摘している。

英国の多くの人々は……エスニック・マイノリティをアウトサイダーとみなしている。その運命や忠誠心が英国の人々とは当然違っており、その人々の英国における身分が従属的で劣っていることは言うまでもない。利害の衝突が起こっても、彼らに一般の人々の同情が向けられないのは自明のことである[3]……。

こうした通則は英国だけに当てはまるものではないし、ただ一つの「エスニック・マイノリティ（マルタ島出身者）」だけに当てはまるわけでもない。これがデンチの主な研究テーマである。同じような傾向は、そうしたディアスポラが出現しているすべての国、言い換えると地球全体で記録されている。「民族的に見て外国人」の集団が近くにいると、地元住民の間に集団で固まろうとする雰囲気が生まれる。これらの雰囲気によって醸し出される戦略の行き着く先はゲットー的メンタリティであり、「異質な要素」の強制隔離であり、それが今度は流入してくる人々の防衛衝動を増幅させ、身内の中に引きこもろうとする傾向が生じる。そうした圧力と衝動が相乗効果となって、グレゴリー・ベイトソン（一九〇四―八〇）が指摘した「分裂の連鎖」が生じ、いずれも自己強化する傾向があるとされ、断ち切ることはもちろん、止めることすら困難になる。分断と囲い込みに向かう傾向は両方の側に表れ、それにいさかいや感情的な対立が加わることになる。

　膨大な数に上るリベラルで影響力のある機関がこうした事態をどれほど嘆こうとも、その源泉の除去に真剣に取り組むのはおろかストップをかけようとする政治家はおらず、互いに挑発しあう分離主義者からの圧力のために身動きが取れない状況が生じている。他方では、他の多くの強大な勢力が結託して両側からバリケードを築き、ときには無意識のうちに、ときには心ならずも、バリケードの建設や武装兵士の配備の面でひそかに協力し合っている。

　さまざまなそして分散した憤りや恨みが蓄積する恐れがあると感じたとき、当局者が積極的に活用するのが「分割統治」という昔ながらの手法である。人々の疑念や抗議の声が一つに合流するのを防ぐことさえできれば、しいたげられた多種多様な人々は自らが被っている抑圧に自力で対処しながら、同じ境遇にある不運な人々に疑念を向けるようになる。そうなれば感情の流れを多様なはけ口に向かわせ、抗議のエネルギーを抑え、分散させ、霧散させて、仲間うちの争いに終始させてしまうこともできよう。司法関係者にしても、公平な調停者の役割や、集団的利害の和解の提唱者、平和的共存の熱烈な支持者、憎しみや破壊的な戦争の終結を望む者という役割を引き受けることができよう。一方、それと同時に、敵意の発現を避けがたいものにした彼らの本来の役割は視界から消え去り、不問に付される。リチャード・ローティ〔一九三一―二〇〇七。米国の哲学者〕はこの昔ながらの戦略を現在使用することの「厚い記述」〔クリフォード・ギアーツの表現で、状況をまったく知らない人でもその行動が理解できるよう、文脈も含めて説明すること〕について語っている。

その目的はプロレタリアの心を他に逸らしておくことである――つまり、アメリカの底辺の七五％の人々と、世界の底辺の九五％の人々を、民族的・宗教的に対立させておくことである。プロレタリアが、ときおり生じる短期間の血なまぐさい戦争など、メディアの生み出す見せかけの大事件で自らの絶望感をまぎらわせることができれば、超富裕層《スーパーリッチ》はほとんど不安を抱かずにすむ(4)。

貧しい人間同士が争っていれば豊かな人々は安穏に暮らせる。「分割統治」の原則が完全かつ効果的に実施されていたころと同じように、今後、彼らの苦しみの責任が自分たちに向けられる恐れが永遠になくなるというだけにとどまらない。今日では、新しいグローバルな権力配置に基づく現代に特有の理由が加わっている。グローバル・パワーは今日、距離を置きながら関与しない戦略をとっている。この戦略は、彼らの移動速度によって可能になったもので、おかげで彼らは現地当局者の追求を難なく逃れ、警告も発せられず、もっとも細かい網の目も逃れられる上に、地元の集団同士の争いを止めたり、彼らの傷をいやしたり、その後始末をするという不愉快な仕事から手を引くことができる。

地球規模の「流動空間」（マニュエル・カステルによって規定されたグローバル・エリートの生活が刻み付けられる世界）をエリートが簡単に移動できる理由は、「地元民《ネイティヴ》」（あるいは「土地という空間」に固定された人々）が結束して行動できなかったり、そうした行動に積極的でなかったりするおかげである。彼らの関係が不協和音を立てれば立てるほど、分散すればするほど、彼らの内輪もめは拡大して多数の小党派に分裂し、近くにいる同じように弱い相手と戦おうとする熱意が高まる反面、団結して協力し合う可能性は少なくなる。資本が逃避しようとし、雇用の場が失われ、自分たちの生計の手段がなくなるという事態に直面しても、地元民が力を結集して立ち向かう可能性は低くなる。

通説とは逆に、世界の経済的パワーの力に匹敵する政治的機関が不在なことは、単にその発達が遅いことが原因ではない。また、既存の政治機関が統合するか合意して新たなグローバルで民主的に監督される抑制と均衡のシステムになる時間的余裕がないこともその原因ではない。逆に、公共の場を解体して、その場をコミュニティ間の紛争で満たすことこそ、新しいグローバル・パワーが非関与戦略を実施するのに必要な政治的インフラそのものかもしれない。そしてそのヒエラルキーの頂点に位置し、「流動空間」に達したグローバル・パワーは、許される限り公然とあるいは秘密裏に、常に根気強くまた慎重に、一貫性のない演出を心がけ、役者に辻褄《つじつま》の合わないセリフを割り振っている。ここで何も悩まされるものがないようにするためにも、グローバル秩序の管理者には無尽蔵のローカルな不安が必要なのだ。

ローティを引用した際、私は、彼が「超富裕層」に「ほとんど恐れるものがない」理由として「エスニック的・宗教的な敵対心」と並んで「性的な道徳規範について議論」すべきとしていることには触れなかった。これは「文化左翼」に対する一種の当てこすりであろう。ローティによると、「文化左翼」は、アメリカ社会に一般的な、文化的ひな形の破壊を目指すサディズム的敵意と戦うことにメリットを見出し、一般の人々の懸念のリストから、あらゆる不平等や不正の最大の根源である物質的な貧困を削除するという罪を犯している。「文化左翼」の罪は、物質的に不利な条件を、不遇なマイノリティ同士の内輪もめと同レベルの問題とみなし、生活スタイルの差異こそ重要とする傾向にある、とローティは指摘する。ローティは、アメリカの「文化左翼」を次のように非難している。つまり、すべての不平等の問題をまるでそれが文化的差異の問題であり、したがって結局は、人権や寛容に対する倫理的要請によって保護される、人間の選択による差異の顕れやその結果であるかのように処理していると。それに加えて、すべての差異を、ただ他の人々と違っているという理由だけで、同じように賞賛すべきとしてしまっているとも指摘している。さらにローティは、「文化左翼」が、差異の持つ価値をめぐるあらゆる議論は、どれほど真剣で誠実で尊重に値するものであっても、その目的が既存の差異と生活水準の向上（暗によりよい生活という意味が含まれている）を両立させることにあるなら、避けるか、禁止すべきだとしている、と非難している。

ジョナサン・フリードマンは、ローティから批判された人々と似通った見解を明らかにしている知識人を「モダニズムなきモダニスト」と呼んでいる。すなわち、尊重すべき近代の伝統や、公言した現状変更や改変への情熱を踏まえながらも、モダニズムの諸原則や、そうした変更や改変がもたらすかもしれない（あるいはもたらすはずの）目標の喪失を踏まえずに、その性格に関する検討を事前に除外してしまっていると。その現実的な帰結として「モダニズムなきモダニスト」の間で非常に流行している「多文化主義」哲学は、文化の友好的な共存という自ら理論化した価値を否定するものである。意識的か無意識的か、何らかの目的を持っているかいないかは別にして、この哲学は分離主義、つまりは対立的な傾向を後押しし、それによって、真剣な多文化間の対話に向けた試み――効果的な社会変革が求められる現在の慢性的な権力の脆弱性を解消するか、完全に克服できそうな唯一の活動――をいっそう困難にする。

ローティによって批判された態度に人気があるのは驚くことではない。ネーション形成の時代に自分たちに割り振られ、期待されていた自らの教育者や指導者や教師の役割を拒否して、別の役割を好んで引き受けている現代の知的エリートの傾向を考えれば、そうした態度が広がっているのは予想できることであり、それは、距離を置いて関与しない戦略をとっているグローバル・エリートの中のビジネス関係者ともよく似た態度である。今日の知識人の多くは、自分たちのための「より広い空間」を望み探し求めている。他の人々への無関心な態度を放棄して「別の」事柄に関わり合うと、その空間を拡大するのではなく、縮小させてしまうことになる。そうなると、真剣な取り組みが必要な面倒な仕事に関わったり、移動の自由を制限されたり、自分自身の利害を運命の気まぐれに委ねることになる――したがって、それは誰にとっても軽率で望ましくない行動であろう。

差異に対する新たな無関心は、「文化多元主義」を是認する理論の形をとっている。言い換えると、この理論によって形成され支持される政治的実践は、「多文化主義」という言葉で規定されている。それは明らかに、コミュニティの独立への権利や、選ばれた（あるいは継承された）アイデンティティを一般の人々が受けとる権利に対するリベラルな寛容や支援という前提によって駆り立てられている。しかし、実際のところ、それは社会的には保守的な力として働いている。おかげで、非常に一般の支持を得にくい現象である社会的不平等が、「文化的多様性」を装うことで、広く尊重し、慎重に育成するに値する現象に変化している。こうした言葉の操作によって、貧困の持つ道徳的な醜悪さも、魔法の杖に触れたかのように、魅力的な文化的多様性へと早変わりする。承認を求める闘争も配分の実施に裏づけられないと失敗に終わるという事実は見落とされている。文化的差異の尊重に対する要求も、自らの不利な条件のせいで独立する力を奪われ、実際には他のもっと強力なパワーによる選択であるにもかかわらず、自分「自身」の選択とせざるをえない多くのコミュニティにとっては何の慰めにもならない、という事実についても同様である。

アラン・トゥレーヌ〔一九二五―。現代フランスを代表する社会学者〕は、文化的資源に恵まれた人々の間の制限のない選択の自由に対する尊重から生まれた「多文化主義」の考え方と、それとは根本的に異なる（直接ではないにせよ、少なくとも結果として）、「マルチ・コミュニタリアニズム」のプログラムを区別すべきだと指摘した。(5) 前者の考え方が、個人が自らの生活様式や忠誠のよりどころを選ぶ権利の尊重を前提としているのに対し、後者の考え方は、それとは対照的に、個人の忠誠心が、原初的なコミュニティへの帰属という反論不能な事実――生活価値や生活スタイルの交渉を無益なものにする事実――によってあらかじめ決められてしまっている問題であることを前提としている。多文化主義の考え方のこれらの二つの流れを混同することは誤解であると同時に、人間の共生や協力に害を及ぼす可能性がある。

これらの二つの考え方が混同され続けるかぎり、「多文化主義」の考え方は、粗野で野放しにされている「否定的な」グローバリゼーションの思うつぼにはまる。おかげで、社会内そして社会間の不平等を生み出すグローバルな力は、自らの行動の破壊的な結果を免れることができる。不遇な人種の生来の劣等性によって社会的剥奪を説明しようとした（明らかに傲慢で尊大な）かつてよく見られた習慣は、明らかに不平等な生活条件は多様な生活スタイルを選択した結果だとする「政治的に正しい」解釈に席を譲りつつある。こうした新たな文化主義は、それに先立つ人種主義《レイシズム》と同様、それを（人種主義の場合の）人間の介入能力を超える事実や、その文化的価値を尊重して妨げるべきでない条件とみなすことで、道徳的な疚《やま》しさを抑えながら、人間の不平等を受け入れさせようとしている。

ここでは、不平等についての人種主義的解釈と「完璧な社会秩序」という典型的な近代のプロジェクトの間にはある種の類似点があるとつけ加えておこう。すなわち、秩序の創造はその本来の性格からして選択的な活動であり、したがって、適切な人間の条件に合わない「低級な人種」は、完璧に近い秩序の中に居場所を見つけられないことを受け入れねばならない、というわけである。他方で、こうした新たな「文化的」解釈の登場とその人気は、近代の「完璧な社会」の探求を断念したことと結びついている。社会秩序の根本的な見直しの見通しが立たない中で、あらゆる人間集団が、現実のリキッドな構造の中に独力で自らの場所を見つけざるをえず、その選択の結果を引き受けざるを得なくなっている。この新たな「文化的」解釈は、それ以前の人種主義的な解釈と同じく、社会的な不平等が限りなく自己充足的な現象であるという事実と、（自由な選択へのやっかいな障害物というよりは自由な選択の必然的産物である）不平等から生じた社会的分断の増大という現象がその強化の主要素の一つであるという事実を、暗黙のうちに見落としている。

教育水準が高くて影響力があって政治的にも重要な階級が、この不確かな時代にどのような価値を育み、どの方向に進むべきか尋ねられると、決まって答えるのが「多文化主義」である。この回答は「政治的に正しい」地位にまで格上げされ、おまけに根拠も証拠もいらない公理となっている。つまりは、政治的な進路の選択について検討を加える際の前提や土台となっており、私たちがその助けを借りて考えることはあっても、それ自体についてはめったに問うことのない知識となっている。

多文化主義をディアスポラの世界を悩ます諸問題の解決策と考えている現代版の近代知識人の態度については、次のように要約できよう。「残念ながら、あなた方が陥っているその苦境から救い出してあげられない」と。意味ある正しい共存の形に関する議論が陥っているのと同じように、混沌が価値の世界を支配しているのは確かだが、人々はこのゴルディオスの結び目〔解決不能な超難問のたとえ〕を、自分の知恵を使って自分の責任で解きほぐさなければならない。そして、その結果が自分たちの嗜好に合わなければ、ひたすら自分を責めることになる。不協和音が混じっていては、いかなる曲も斉唱できないことは明らかであり、どちらの曲が他の曲より歌う価値があるのか、あるいはそれをどう探し出したらいいのか分からなければ、自分の選んだ曲を歌う以外に選択肢はない。あるいはそれができたとしても、その曲を自分で作曲する以外に選択肢はない。その不協和音は、すでにこれ以上ないほどの耳をつんざくような音をたてており、別の曲についても事情はまったく変わらない。

ラッセル・ジャコビーは自らの「多文化」的な信仰告白が持つ空虚さについての辛辣な分析に『ユートピアの終焉』という題名を与えた。[6] この題名には一つのメッセージが込められている。すなわち、現代の教養階級は人間の条件の望ましい形についてほとんど、もしくは何も語ることがないということである。こうした理由から、彼らは多文化主義、すなわち、「イデオロギーの終焉というイデオロギー」に避難所を求めているのだ。

現状に立ち向かうには、それを支えている勢力の持つ恐るべき力を念頭に置く勇気が必要である。しかし、勇気はかつて華麗な演奏や英雄的な大胆さで知られていた知識人が、専門家やアカデミズムの権威、メディアの有名人として、新たな役割や「ニッチ（新たな分野）」に殺到する中で見失ってしまった性質である。この現代版「知識人の裏切り」こそ、教養階級が人間に関わる事柄に対する共同責任や積極的な関与を突然放棄した理由なのではないかと考えたい誘惑に駆られてしまう。

だが、私たちはこうした誘惑に抗わねばならない。ビジネスや特権的な利害以外のあらゆる事柄への無関心の背後に隠れているのが、教養階級の実際のあるいは想定される臆病さや、個人的な便宜に対する嗜好の高まりよりも、もっと重要な理由である。教養あるエリート層だけがそうした悪事の張本人でないのは今も変わらない。彼らは現在の地位を築こうと、しだいに超領土化する経済的パワーと手をたずさえながら大挙して旅に出た。それは社会の成員が、商品の量や質に責任を持つ生産者の役割よりも商品の消費者の役割（パン全体の大きさよりもパン一切れの大きさに関心を持つ消費者）を、以前よりも強力にそして単独で担おうとしているさなかの出来事だった。そしてまた、個々人が社会的に生み出された困難に自分で対処する方法を見つけざるを得なくなっている、急速に個人化される世界の中での出来事だった。近代知識人の子孫たちが、仲間の旅行者たちに降りかかったのと同じ変化を経験したのはこの旅の途上でのことだった。

第４章

# ディアスポラの世界の文化

近代の「教養階級」（知識人。国民的価値を明確にし、教示し、擁護するという共通の使命で統合された「知識人」という言葉が生まれたのは二〇世紀初頭である）とはそもそも一つの使命を持った人々のことだった。その使命はさまざまな形で表現された。だが、ごく一般的に言うと、啓蒙の時代に彼らに割り当てられ、それ以来彼らが支えることになったその使命は、「根こそぎにされた」人々を「ふたたび定着させる」（現在の社会学者が好む用語では「排除された」ものを「包摂」する）作業に積極的かつ有益で重要な役割を果たすことだった。この使命は二つの任務から成り立っていた。

第一の任務は、アンシャン・レジーム（「旧体制」、後に「前近代」と改名された）の衰退と解体の時代に啓蒙思想の哲学者によって定式化された、「民衆」の「啓蒙」と「教化」である。その目的は、方向がわからず狼狽し道に迷っている人々（計画され予想された近代的な変容ではなく、予想もつかない変化によって単調な共同体的生活を容赦なく断ち切られてしまった人々）を近代国家の近代的な国民や市民に変えることだった。啓蒙と文化の目標は、かつて伝統的な共同体がゆりかごから墓場まで課していた一生涯続く規則（近代の夜明けの段階で、容赦なくその実際的価値を失うか、急速に活用されなくなっていた）に代わる、新たな準拠点と柔軟で変更可能な基準を備えた「新しい人間」の創造に他ならなかった。啓蒙思想のパイオニアによれば、それまでの伝統に根差した生活の規則は、新たな諸条件の助けというより、障害になりつつあった。もはや過去のものになっているそれらの規則が、別の条件下で、変化を拒みながら腐食していく社会を生きる人々に役立っていることなど問題ではなかった。つまり、今やそれらの規則は「迷信」や「ばかげた話」とみなされて、お荷物となり、進歩と人間の潜在能力の完全な発現を阻む障害物になっていた。したがって、合理的に設計された社会条件に適合する新たな規則を作り出せるよう、何をおいても、教育や社会改革によって、人々を迷信や古い信念のくびきから救い出す必要があった。

「教育にはあらゆることが可能である」とフランスの百科全書派の哲学者エルヴェシウス（一七一五―七一）は豪語した。それに対して、ドルバック（一七二三―八九）は、啓蒙政治はあらゆる市民に生まれながらに与えられた社会的地位を享受させることができると、急いでつけ加えた。見事に組織された社会では、王から小農民に至るあらゆる階級が自らの手で幸福を享受するとドルバックは主張した。これらの一般化された哲学的表明は、規律の拡大と実行こそ教育者の主要な職務であると唱えたフランス革命の立法府によって、さらに現実的な形に整えられた。彼らは、すべての人々に平等な体制に対して、市民の条件を詳細に規定するよう要請し、教育者による不断の着実な監督こそ、それから生じる義務の遂行を確実なものにすると主張した。(1)教育者の果たすべき役割は、agriculture（農耕）という言葉から派生した「cultivation（耕作）」の意味を含む「culture（養育）」であった。フランス語のcultureと同時期に作られたドイツ語の「Bildung（陶冶）」や英語のrefinement（洗練、教養）にも同じ意味があり、隠喩的な起源の面では異なっていても、基本的な意味は同じであった。フィリップ・ベネトンが新造語の日常的活用例に関する徹底研究から結論づけているように、(2)当初、「文化culture」という言葉には、次の三つの特徴的な意味合いが込められていた。第一が楽観主義、すなわち人間に本来備わっている変化への潜在能力は無限であるという信念。第二が普遍主義や人間性の理想、さらにはその要求に応える潜在能力は国や場所や時間の違いを超えて同じであるという想定。そして第三がユーロセントリズム（ヨーロッパ中心主義）、すなわち、こうした理想が発見されたのはヨーロッパであり、それが立法者によって、さらには政治・社会制度の中で、個人や共同体の生活の方法やモデルと規定されたのもヨーロッパであるという確信である。

文化は、それが何を意味するかにかかわらず、本質的にヨーロッパ化と同一視された。教養階級に与えられた第二の任務は、第一の任務と密接に結びついており、立法者によって実行に移された課題に大きく寄与することだった。つまり、新しい堅固な構造を設計し構築して、新たな生活リズムを定め、すでに伝統の足かせから解き放たれていながら、いまだに新しい日課や規律になじめないでいる「無定形の」集団に形を与えることだった。言い換えれば「社会秩序」を導入すること、もっと正確に言うと、「社会に秩序を与える」ことである。

第二の任務は、第一の任務と同じように、近代の革命という大事業と、それと同時的に進展している国家と国民の構築に由来するものだった。すなわち、さまざまな方言や伝統や暦を持つ比較的緩やかなローカル・コミュニティ（地域共同体）を、新たに統合され、堅固に融合された全体、つまりは国民国家という「想像された社会」に置き換えることである。これらの二つの任務の成否は、人間の物質的・精神的な再モデル化——進行中の変化の主な目的であり主なテーマである——に関わる取り組みに、経済・政治・精神面など、新しい国民国家の総力を投入できるかどうかにかかっていた。近代的な国民《ネーション》の構築は、自らの教区や地域社会やギルドに対する昔ながらの義務を、直接的な経験から独立した抽象的な全体に対する新たな市民の義務や、そしてそれが確立し強制力によって維持しようとする規則に置き換えられるかどうかで決まる。この新たな義務の履行と監視の作業は、今では古臭いとみなされている過去のものと相いれないがゆえに、従来の自発的で本能的で自己駆動型の再生メカニズムに任せてはおけなかった。それらは注意深く正確に設計する必要があり、すべての市民のための均一なプログラムから成る組織的な大衆教育を通じて実施する必要があった。近代的な秩序を構築し管理するには管理者と監督者と教師が必要だった。国家と国民の構築の時代には、管理者と管理される側双方の相互的・日常的・直接的な関わり合いが求められた。

今日私たちは、これまでと違って、非関与（関わりを持たない）の時代に入りつつある。ヨーロッパや現代世界の多くの国では、その主な監督戦略である、綿密に監視して、被支配者の自己統治機能を修正させるパノプティコン（一望監視装置）的な統治モデルは急速に撤廃されつつある。そうしたモデルは被支配者による自己監督や自己管理に席を譲っており、後者の方法すなわち自己管理の方法が、今では廃止されるか周辺化されてしまった支配の方法と同じくらい適切な統治を行うのに有効である（「系統的に機能する」）上に、はるかにコストのかからない方法であることも証明されている。いわば整然と進む部隊が「ハチの群れ」に席を譲っているのだ。

整然と進む部隊とは正反対のハチの群れには軍曹も伍長も必要ない。ハチの群れは上官のおせっかいな介入や日常的な取り決めがなくても、自分の進む道を見出すことができる。誰もハチの群れを草地の花々に導く必要はない。誰もハチの群れのメンバーをチェックしたり、説教したり、力や脅しによって駆り立てたり、コース上にとどめさせる必要もない。ハチの群れを望ましいコース上にとどめたいと考える人は、あらゆるハチを訓練するよりも、草地の花々の手入れをしておいた方がよい。

第3章で言及した多文化主義者の「イデオロギーの終焉というイデオロギー」は、「ハチの群れのような」人間の条件へと向かう「文化の創造者」の集団の意図やムードの表れと解釈するのがもっとも適切であろう。それは非関与による支配と誘惑による規制という二重の影響下で形成されるものである。前に述べた「多文化主義」は、教養階級（神の思し召しによる、しかし実際には割り当てによる「文化の創造者」とみなすことができよう）の場所と役割と任務をこうした新たな現実に合わせる一つの方法である。それは現実への適合の表明である。

すなわち、私たちは新たな現実に従っており、それに異議を唱えたり、脅かしたりすることはない。物事を（人々の運命をその選択に従って）「成り行きに任せておこう」というわけだ。それは世界の変化を映す鏡でもあって、そこでは非関与と遠隔化が権力の主要な戦略となっており、規制的な規範と統合的なモデルは過剰な選択や選択肢の過剰に席を譲っている。これらの現実が異議申し立てにさらされることなく、唯一の避けられない選択肢として受け入れられる限り、それらを耐えられるものにするのは可能であろう（それらを自らの生活スタイルのモデルにすることによってではあるが）。

こうした新たな見解や文化の創造者と、これらの見解や文化的な主張の受け手や普及者の世界観の中では、（想像力がなければ見えない）社会はまるで、中世後半のアッシジのフランチェスコ（とりわけ、その一派である「小さき兄弟団」）や唯名論者（オッカムのウィリアムなど）にとっての神のような姿で現れる。マイケル・アレン・ギレスピーによると、このフランチェスコ派と唯名論者の神は「気まぐれで、恐ろしい力を持ち、人間には理解することも予測することもできず、自然や理性に制約されず、善悪に無関心」である。(3) 神に圧力を加えようとしても必ず失敗に終わる。神に人間の苦しみを聞き届けてもらおうとしても無益なばかりか冒涜的なことであり、したがって、正道を外れた罪深い人間の傲慢とみなされる。そうした試みは理解されることもなく、高慢なものとみなされてしまう。ポーランドの哲学者レシェク・コワコフスキが後に述べているように、神は人間に何の借りもない。人間を造り、自分の足で立たせた神は、人間に対して自らの道を見つけて、その道をたどるよう命じた。その結果、神は自分の目標と義務を果たしてしまい、人間に関わる事柄について日々詳細に監視しないですむようになった。ルネサンスの大胆不敵な野望を成文化したジョバンニ・ピコ・デッラ・ミランドラは、人間の尊厳について語る中で、人間の日常生活の管理と、人間に関わる事柄の監督からの神の撤退という事実から、賢明にも唯一つの結論を引き出した。ミランドラによると、神は人間を、

明かされていない自然の創造者に仕立て、人間を宇宙の真ん中に据え、人間にこう告げた。「お前には、既定の場所もお前だけの形も特別な機能も与えていない。おお、アダムよ。そういうわけだから、自分の欲望と判断にしたがって、お前が望むどの場所でも、どの形でも、どの機能でも持つがよい。何の制約も受けないお前は、自分自身の性格を自分で決めるがよい……」(4)。

私たちの時代において、人間が生活上の諸問題に直面しても一人で乗り越えられる個人的ツールを備えることに協力するのは（近代精神の命によって、人間に関わる事柄の管理者と監督者の役割を神から引き継ぐことになった、神秘的で人知を超えた「想像された存在」である）社会の役割になった。だが、やがて社会は、人間の選択を支配したり、人間の行動を管理したりするのをやめてしまった。

資本主義の「リキッド・モダン」の時代のオッカムのウィリアムやピコ・デッラ・ミランドラであるピーター・ドラッカー〔一九〇九―二〇〇五。オーストリア生まれのユダヤ系経営学者〕は、短いが強いアクセントをつけた警句を交えて、この新たな時代の原則を「二度と社会による救済はない」と要約している。今ではすべての個人が、自分の議論に「自分自身の意志や判断と」矛盾しない形を与えながらその価値を証明することで、それを他の議論を支持する人々から擁護できるようにしなければならない。自らの責任で下した自らの選択の支持を社会の判断（近代的な人々でさえ丁重に耳を傾けると考えられる偉大な権威の最後の名残）に委ねても意味がない。第一に（判断を下すか、その判断を委ねる人間がいるとしても）、この種の判断が誠実なものかどうか不明であり、不明のままであらざるをえないことを考えれば、そうした判断を信用する人が多いとも思えない。というのも、人々は神や社会や運命が下した

「判断」を、彼らが事後に知ったものとみなすためである。第二に、私たちが人気のある意見と思っているもの、言い換えると「社会」の判断にもっとも近い判断であっても、ずっとその人気が続くことはなく、翌日どの意見が他の意見に置き換えられてしまうか分からない。第三に（そしておそらくもっとも重要なことは）、社会は、中世後半の神と同じく、今まで以上に（世俗的な神学者の目ではなく、一般の人々の経験からして）「善悪に無関心」である。

これらのことがすべて本当に社会に起こっているということ（あるいはこれが太古の昔からの社会の性格であり、遅ればせながら発見され、明らかにされたということ）を私たちが受け入れて初めて、「多文化主義」の公理は説得力を持ち始める。「社会」には人々に自らの嗜好を産み出させる以外の選択肢がないがゆえに、もはや自分の選択の権威や結束力を確認してくれる裁判所に委ねる機会もないし、ある選択の方が他の選択よりましなことを確定するのも不可能である。まったく異なるコミュニティが選択した文化間の違いに対する承認と尊重についてチャールズ・テイラーが定式化した指摘にコメントしながら、フレッド・コンスタントは、そこには一つではなく二つの前提が含まれていると述べている。すなわち、人々は異なっている権利を持っている。そして、人々は他の人々の違いに無関心でいる権利も持っている。(5) 異なっている権利と違いに無関心でいる権利――しかし、違いへの権利が他の人々に与えられるのに対し、無関心への権利（いわば判断を下すのを先送りし、それに従って行動する）の方は一般に、この権利を他の人々に与える人々によって占有されていることは心に留めておこう。相互の寛容が相互の無関心と結びつくと、文化的コミュニティ同士は隣り合わせていてもめったに言葉を交わすことがない。言葉を交わすとしても電話によってではなく、銃口によってである。というのも、こうした条件下のいかなる声高な異議申し立ても、同意の侵害と現状に対する挑戦の証拠とみなされるからである。「多文化的な」世界によって文化間の共存は可能になるものの、「多文化主義」の政治によって、これらの文化は互いの共存から恩恵や楽しみを得やすくなるどころか、実際には困難になると思われる。

コンスタントは、文化的多元主義は自らの正当な資格で価値があるのか、それとも、異なる文化が共有する共存の質を改善できるという想定（や希望）からその価値を引き出すのかと問いかけている。もう少し踏み込んだ説明がないと、これらの二つの多文化主義の内容は分からない。説明を受けた上で選択する場合でも、まずは「違いへの権利」という概念についてのより厳密な定義が必要であろう――この概念は決して明確でなく、少なくとも二つの解釈が可能であり、それぞれが私たちの疑問に対してまったく異なる結果をもたらす。

一つの解釈は、たとえて言えば探検家同士の目的論的な連帯意識を想定するものである。すなわち、私たちがみな個別にあるいは一緒に人間の最良の共存形態を求めて出発し、そしてまた、私たちがみな自分の発見から利益を得ようとするかぎり、たとえ私たちが異なる道をたどり、その道路沿いで異なる可能性を見つけ、異なる経験をして、つまりは異なる解決策を見つけて旅から戻ったとしても、私たちはそれをアプリオリに役に立たないと考えるべきではないし、それが自分の好ましい解決策とは違うというだけの理由で、それを手放すべきでもない。さまざまな提案があるからといって、とまどってはならない。そこに加わる新たな提案を歓迎すべきである。そうすれば、ある機会を見落としたり、本当の可能性を過小評価したりする危険性が減るからである。ある提案の価値は誰がそれを定式化したかや、誰の経験を基にしているかに左右されると考えるべきではないし、私たちだけが最良の解決策を探し出せると考えるべきでもない。だからといって、私たちがすべての提案を同じように価値があり、選択の価値があるものとして受け入れるという意味でないことは明確にしておこう。つまり、あるものが他のものより良いということは避けがたい。それはただ単に、私たちが絶対的な意見を提示できないことや、決定的な判断を下せないことを認めているだけのことである。競合する提案の本当の価値や効果は多面的対話（マルチダイアローグ）の過程で初めて確立することができる。そうした多面的対話を通じて、すべての意見の価値が認められ、すべての比較が誠実になされるであろう。言い換えれば、文化的差異の承認はこの議論にとって問題の終わりというよりも始まりであり、見通すのは容易でないかもしれないが、おそらくはすべての関係者にとって有益であり、したがって、着手する価値のある長い政治的プロセスの出発点となろう。

しかし、長期的には一つの合意や共通の立場を目指す、対等なパートナー間の多面的対話を通じて表明される政治的プロセスであっても、議論に加わっている人々が、一方の立場の方が優っているとあらかじめ想定している場合は完全に時間の無駄であり、不満がたまるだけに終わるだろう。また、そうしたプロセスが、文化的な差異についてのオルタナティヴな解釈に基づいていると、結局は何の進展ももたらされず、対話が開始されてもすぐに行き詰ってしまうであろう。つまり、その参加者が、（もっとも人気のある現代版「多文化主義」の熱烈な支持者が、公然とあるいは暗黙の裡に想定しているように）既存の差異はただその差異ゆえに生き残るに値し、栄えるに値すると想定している場合がそれに当たる。

チャールズ・テイラー〔一九三一―。カナダの政治哲学者〕は後者のような立場を明確に退けながら、「本当の意味で平等を尊重するためには、さらなる調査を重ねれば物事はこう見えるようになるとする想定以上に、これらの異なる文化の慣習と創造に適用される平等の価値に関する実際的な評価が必要である……。こうした形ではない平等の承認に対する要求は受け入れがたい」と指摘している。文化的選択の相対的価値の問題についてはさらに追及すべきである、とテイラーは主張する。「この段階でヨーロッパ中心主義的な知識人にもっとも期待されるものは、まだ完全に調査されてはいない文化的価値の積極的な評価である[6]」。

価値の承認や承認の拒否は研究者の任務であり、また、本来的に知識人や学識ある人々の特権であり義務でもある、とテイラーは述べている。そして、事前の学問的な手続きの性格を考え合わせると、予断がない成熟した責任ある判断への期待や、行き過ぎた感情の入り込まない入念な「研究プロジェクト」の実現は、いずれにせよ考えられないし、誤解の元であろう。「この問題を調べた結果、当該文化の中に非常に価値あるものを見つけるか見つけずに終わるかのいずれかであろう」。しかし、テイラーの考えでは、研究が適正かどうかを判断し、その結論を解釈する権利があるのは大学の研究室やセミナールームの住人である。そこで、テイラーは、「多文化主義的」傾向のある知識人を、自らのアカデミックな使命に背いていると非難している。しかし、テイラーは彼らが政体の市民としての義務を怠っていることにはまったく言及してしないし、彼らにそうした義務を履行するよう求めてもおらず、これまで以上に真剣に履行するよう求めてもいない。

ある文化に本来的に価値があり、それゆえ生き残るに値することを私たちが知っている場合、文化的コミュニティやその成員の多数派の意志にかかわらずそれを特徴づけている差異を後世に残すべきだとすることに、私たちは何の疑いも抱くべきではない、とテイラーは続けている。私たちは、そのコミュニティに登録されているメンバーが、それらの差異の存在を脅かしかねない、あるいはそうした権利を完全に否定するような選択を行う権利を制限すべきである。テイラーによれば、州当局が、英語を話す住民も含めた州の全住民の子弟をフランス語を使用する学校に入れるよう義務づけているカナダのケベック州のケースは、決して奇妙なものでも不可解なものでもなく、徹底的に検証されてよく知られているものであり、対立がある場合にどちらの側に立つべきか、どんな行動を取るべきかの一例とみなすことができるという。

それは単に、フランス語を選ぶかもしれない人々にフランス語を用意してあげるという問題ではない……。そこには、将来もフランス語を利用する機会を活用したい人々から成るコミュニティが確実に存在するという問題も含まれる。積極的にその存続を目指す政治は、たとえば、将来の世代が引き続きフランス語話者としてのアイデンティティを保持するよう、そのコミュニティの成員を増やそうとする。

テイラーは、ケベック州のケースを「穏健な」対立の例と考えており、たしかに、今のところ、流血や収監、国外追放といった事態につながるような対立ではない。一定の時点のコミュニティのメンバーの同意・不同意の動向にかかわらず、選好されている文化の将来を保証するためにコミュニティが実力を行使する権利に対して一般世論の支持があれば、そうした実力行使がはるかに容易になることも確かである。だが、他の文化間の摩擦のケース、すなわち、フランス語の問題（あるいは他の言語でもいいが）とは対照的に、多言語を駆使できるヨーロッパ中心主義的な知識人の支持を得にくいケースを例に出して、提示されている原則が正しいかどうかを証明するのは相当難しいであろう。とりわけ、言語の問題がからまない他のケースで、人々が自らの嗜好に愛着を持っていながら、受け入れがたい選択肢に直面するような場合、知識人たちはそれから距離をおこうとし、研究プロジェクトが終わっていないことや、その実施に支持が得られないことを楯にして、その評価を先送りするかもしれない。ケベック州の学校でのフランス語教育の義務づけの例が、世界のさまざまな場所で、現在および将来の成員の確保という名目で、コミュニティが実施している広範な暴力のカテゴリーの中でも例外的に恐怖心を抱かせない現象だということを考え合わせれば、ケベック州の結論を一般化することには、疑問を感じざるを得ない。つまり、ケベック州の言語教育についての議論よりも、その結末の点ではるかに深刻でときには悲劇的なケースが存在するのが現実であり、そこには、女児の陰核切除への要求や、公共の場で自分の顔を晒すことなどが含まれる。

この問題は一筋縄ではいかないものであり、提示されている解決策のいずれも危険を伴わないものはない。すでに言及した「政治的プロセス」は、互いに和解しがたいか、和解が不可能な二つの要求の圧力の下で起こる。すなわち、一方で私たちは、政府による同化や個人化の圧力からコミュニティが自らの生活様式を守る権利を尊重しなければならない。他方で、選択の権利を抑えたり、選択する者に無理やり意に沿わない選択肢を強要したりするコミュニティ当局から、個人が自らの身を守る権利も尊重すべきである。これらの二つの要求を同時に尊重するのは非常に困難であり、この二つの分裂した側の間に自らの利害を守る権利をめぐって対立がある場合にどう対処すればよいかという問題に、私たちは日々直面する。二つの和解しがたい要求のうちどちらを優先し、どちらを犠牲にすべきか？　もしいずれか一方だとすれば、どちらの側にもう一方を否定する権利があるのか？

チャールズ・テイラーによって促された文化的差異の権利の解釈に答えて、ユルゲン・ハーバーマスは、テイラーが言及していない、もう一つの価値「民主的立憲国家（体制）」を提唱している。(7) もし私たちが、文化間の差異の承認は人間の価値の共通性をめぐる理性的な議論の正しい出発点であることに合意するなら、私たちは「民主的立憲国家」はそうした議論が起こる一つの枠組みであることにも同意すべきである。ハーバーマスが「民主的立憲国家」の特権を主張する際に念頭に置いたものについてさらに明確に考えるために、関連のある「共和制」の概念に注目すると同時に、コルネリュウス・カストリアディス（一九二二―九七）が定式化した「自律社会」の概念を引き合いに出す必要がある――共和制が、深く根づいていて常に尊重される市民の諸権利なしには想像しがたいように、自律社会もその成員の自律性なしには考えられないことを想起すべきである。もちろん、このことを想い起こしたとしても、コミュニティと個人の権利の対立が解消するわけではないが、それは自由に自己決定する個人による民主的な実践なくして、それを解消することを希望するのはもちろん、その対立を適切に処理するのは不可能だという事実を浮き彫りにしている。コミュニティからの絶対的な服従要求に逆らって個人を擁護することは、コミュニティがその独立したアイデンティティを保持する闘い以上に、賞賛と支持に値する「明らかに」崇高な仕事だということを証明するのは困難であろうが、コミュニティの暴力や反コミュニティの暴力に対して共和制の市民を擁護することは、二つの仕事を真剣に実施するための基礎的で反駁できない前提条件であるのも確かである。ハーバーマスが述べているように、

正しく理解された権利の理論には、人々のアイデンティティが形成される生の文脈の中で個人の十全性を保護する承認の政治が必要である……。必要とされるのは権利のシステムの一貫した実現である。もちろん、社会運動や政治闘争なくして、その実現の見込みはほとんどない……。権利を実現するプロセスは、実際には政治の重要な構成要素である言説、すなわち、善に関する共通の考え方や真正と認められる望ましい生活形式をめぐる議論が必要な文脈の中に埋め込まれている。

普遍性と現実的な市民権の尊重は、あらゆる賢明な「承認の政策」のための前提条件である。普遍的な人間性は、あらゆる賢明な承認の政策が自ら評価しなければならない指標であることは付け加えておく必要がある。普遍的な人間性は人間の生活形態の多様性に反するものではない。つまり、真の普遍的人間性の基準は、そうした複数性を受け入れ、それを善のために用い、「共通の福利の考え方をめぐる進行中の議論」を可能にし、刺激し、維持する能力である。そうした課題は、共和制的な生活条件や「自律的な社会」が実現されて初めて克服できる。ジェフリー・ウィークスが適切に述べているように、共通の価値をめぐる議論には、「生活機会の増加や人間の自由の最大化が必要である。つまり、これらの目標を達成する特権的な社会的行為主体など存在せず、歴史という重荷とさまざまな形態の支配と服従に対する複数のローカルな闘争だけが存在する。私たちの複雑な現状の下に横たわっているのは決定論ではなく、偶発性である(8)」。

運命の予測不能性に対する認識と人間のコミュニティのための闘いの見通しが不確実なことが闘争の参加者を思いとどまらせ、自信を喪失させているのは明らかである。しかし、それが、彼らを従来以上の努力に駆り立てることもありうる。この不確実性に対して考えられる反応の一つが「あらゆるイデオロギーへの決別」というイデオロギーであり、非関与の実践である。不確実性の状態に対するもう一つの、同様に妥当ではあるが、はるかに望ましい反応は、共通の人間性への探求とそれに必要な実践的取り組みが、決して私たちの時代だけに不可欠なものでも緊急のものでもないという確信である。

フレッド・コンスタントは、「エスニック・マイノリティ」である移民が受け入れ国で被っている矛盾した文化的圧力への反応をめぐって、フランスに住みフランス語で執筆しているレバノン人作家アミン・マアルーフの意見を引用している。マアルーフの結論は、移民は、出身国の文化的伝統が受け入れ国で尊重されていると感じれば感じるほど、嫌われることも憎まれることもなく、拒まれることも恐れられることも差別されることもなく、地元住民と隣り合わせの状態で自分たちのアイデンティティを保つことができる、というものである。そして、受け入れ国の文化的選択肢が彼らにとってより魅力的であればあるほど、自らの個性を頑なに保とうとはしなくなる。コンスタントが示唆するように、マアルーフの見解は将来の文化間対話にとって非常に重要である。それらは一方の側からの脅威が感じられないことと、もう一方の側による文化的差異の問題の「武装解除」の間に密接な相関関係があるはずだという私たちの先の推測の裏づけとなる——文化的分断への衝動を克服することと、それに付随する共通の人間性の探求への参加の準備の結果として。

脅威と不確実性の感覚（移民の間や先住の人々の間の）は、想い起こせばアラン・トゥレーヌが指摘するように、多文化主義の概念を「マルチ・コミュニタリアニズム」の想定に転じさせてしまう傾向がある（七〇頁を参照）。その結果、文化的な差異は、重要であろうがなかろうが、目立とうが目立つまいが、城塁やロケット発射台を建設するための「建設資材」となる。「文化」は包囲下にある城塞の同義語となり、包囲されている城塞の住民は、日々忠誠心を明らかにし、外部世界との接触を断念するか少なくとも大きく減らすことを期待される。「コミュニティの擁護」が他の義務以上に優先されることになる。「見知らぬ人々」と食卓を共にすることや、部外者の住居や領域とされる場所に出入りすること、さらにはコミュニティの境界線の外側のパートナーとの恋愛や結婚は言うまでもなく裏切りの印となり、村八分や追放の根拠となる。こうした基礎の上に機能しているコミュニティは、さらなる分断の再生産や、分離や孤立や疎外の深化の最大の手段となる。

その一方、安全の感覚とその結果としての自信はゲットー的なメンタリティと彼らが建てる防御壁の敵である。安全の感覚は「われわれ」と「彼ら」を分かつ海の持つ恐るべき力を、魅力的で魅惑的な水泳用プールに変えてくれる。一つのコミュニティとその近隣社会を隔てる足のすくむような絶壁も、頻繁な往来や気楽な散歩ができる穏やかな平原に席を譲る。一般にコミュニティを悩ませる恐怖心の最初の兆候がコミュニティの孤立を支持する人々の間の不安感の原因となっているのも不思議ではない。意識的か無意識かを問わず、彼らは自分たちの手元にある敵のミサイルや、コミュニティを守る壁に狙いを定めている銃に既得権益を持っている。脅威の感覚が増せば増すほど、そして、それがもたらす不確実性の感情が明確になればなるほど、コミュニティを擁護する人々は少なくとも予見可能な未来のために一致協力して自分たちの立場を保持しようとする。

バリケードの両側に安全の感情を育むことこそ文化間対話の不可欠の条件である。それがないと、各コミュニティが互いに胸襟を開いて、やりとりを開始し、自分たちの人間的な絆を強化することでそれを豊かにする機会は、もっとも少なくなる。逆に、それがあれば、見通しは明るいものとなる。

ここで問題なのは、「多文化主義」の支持者の多数派――それをコミュニティ間の分断を支持する人々との暗黙の（あるいは意図せぬ、無意識的な）合意にとどめている――が認めようとしているものよりも広い意味での安全である。全般的な不確実性の問題を二つの側への文化的分断という本当の危険性や想像上の危険性に限定してしまうのは誤りであり、相互不信や不一致の源泉から注意を逸らしてしまう恐れがある。

何よりも、人々は高まるグローバルな混乱の波からの避難所を求めて今日コミュニティの感覚に憧れる。しかし、もっとも高いコミュニティの防波堤でも食い止められないこの波は遠く離れた場所からやってくるために、ローカルな権力ですら管理するのはおろか監視することもできない。次に、私たちの非常に「個人化し」「個人化された」社会では、人間の不確実性は「法令上の個人」という条件と「事実上の個人」になる圧力の間の深い亀裂に根差している。コミュニティを壁で囲んでもこの亀裂を乗り越える助けにはならず、そのためにかえって、多くのコミュニティのメンバーが別の側に渡るのが困難になる。言い換えると、彼らが書類上のみならず自己決定が可能な事実上の個人になるのは困難になろう。「多文化主義」は、今日人々を悩ませている不確実性の原因と由来を探し求める代わりに、注目を集めて、そこにエネルギーを集中させてしまっている。「われわれと彼ら」の間で継続中の戦争のいずれの側も、長らく目にしていないが待ち望んでいる安全が勝利の後にもたらされるのを真剣に期待することはできない。代わりに、彼らがこぞって協力しあいながら多文化の戦場での将来の衝突の計画作りに没頭すればするほど、彼らはより簡単にグローバル・パワー、つまりは、コミュニティの構築という骨の折れる作業の失敗や、コミュニティを形成する条件や環境を一致協力して管理できないことから利益を得ることのできる唯一のパワーのターゲットとなってしまう。

第5章

# ヨーロッパの統合と文化

欧州連合は自らの下に統合されている国々のアイデンティティを掘り崩してはいない。逆にそのアイデンティティを擁護している。おまけに、欧州連合は加盟各国のアイデンティティの安全を保証する手段であり、その存続はもちろんのこと、その亢進の見通しさえ提供している。

国民国家の主権をむしばむことで、領土的独立という防波堤を粉砕しているのは、グローバリゼーションである（この防波堤が過去二〇〇年以上にわたってナショナル・アイデンティティに避難所を提供し、その安全を保証してきたのだが）。グローバリゼーションは、欧州連合の連帯のための基礎がなければ、国家主権をさらに打ち砕き、よりいっそう断片化することだろう。欧州連合はサイバー空間、すなわち政治的な制約から自由な「流動空間」からヨーロッパに到達する強力な圧力を防ぎ、それをできるだけ無力化しようとしている。欧州連合はこうした措置を講じることで、過去二〇〇年の歴史と切り離せない国民・国家・領土の三位一体を引き裂こうとするプロセス（自らが招いた結果でもなく、積極的に関わっているわけでもない）のもたらす破壊的影響から加盟各国を守っている。一世紀前にオットー・バウアが定式化した想定や予測が今日実現しつつあるのは、言い換えると、加盟各国が領土的に一貫性のある統一体から、よりいっそう動的で空間的には散らばりながらも精神的には連携し合った連合体に変化しつつあるのは、ブリュッセルから発せられる命令の圧力によってではなく、こうしたグローバリゼーションの圧力の下である。

同時に、ナショナルな文化は、近代のネーション形成の当初、その生存に不可欠の条件と考えられていた（それほど神聖なものではないと言わねばならない）あの三位一体がなくても在立しうることが判明しつつある。アーネスト・ゲルナー（一九二五―九五。ナショナリズム研究で知られる）の記憶に残る主張によれば、一九世紀初頭のヨーロッパを構成していた民族・宗教・言語集団の集合体のうち、ネーションの地位に上りつめるチャンスを手にしたのは、ほんの一握りにすぎなかった（その他のネーションの地位を望んだものは、権威的な方法や統合という形でエスニック・マイノリティの地位に格下げされ、正式な国語の地位を望んだものは方言に、国教会の地位を望んだものは宗派に格下げされた）。おまけに、各ネーションがそうしたチャンスを生かすには、主権と権力をもたらしてくれる国家が必要だった……。

ネーション形成には、「一つの国、一つのネーション」という原則を実現するという目標、すなわち、前述のように、市民の間の民族的な差異を均すという目標があった。文化的に合体され統合された国民国家の視点から見ると、その支配下にある地域の言語的な多様性や文化や慣習のモザイクは、いまだに根絶されていない過去の時代の最後の遺物に他ならなかった。

各国の役人が統括し、管理し、一体化していた啓蒙や文明化のプロセスは、これらの遺物が長く残らないようにするためのものだった。ネーションという共同体は結局のところ、国家の政治統合の正統化という重要な役割を果たしており、共通のルーツや共通の精神への呼びかけは愛国的な忠誠心や服従へのイデオロギー動員の主要なツールとなった。これらの想定はモザイク状の言語（今では分類し直されてローカルで種族的な方言や仲間内言葉とみなされ、単一の標準語や国語に置き換えられようとしていた）や多様な伝統や文化（分類し直されて、愛郷心や偏狭さ、常軌を逸したローカリズムとみなされ、単一の共通の歴史や国民の祝日から成る共通のカレンダーに置き換えられようとしていた）と衝突を起こした。「ローカル」で「種族的」なものがことごとく「後進性」の象徴とされたのに対し、啓蒙は進歩を意味し、進歩はローカルな生活様式を均して、すべての人々にとっての共通の国民文化のモデルにすることを意味した。一つの国家の境界線の中には一つの言語、一つの文化、一つの歴史的記憶、一つの忠誠心の余地しかなかった。

ネーション形成の実践には二つの顔があった。ナショナリズムの顔とリベラルな顔である。そのうちナショナリズムの顔は常に生真面目で険しく、優しいことはめったになかった。ナショナリズムは通常好戦的で流血を伴うこともあった。自分たちの慣習に固執していて「一つのネーション」モデルに積極的でない人々に遭遇した場合に、とくにそういう傾向が見られた。ナショナリズムは人々を説得し改宗させようとしたが、説得や教化が不調に終わったり、その効果が現れにくかったりすると自動的に暴力に訴えた。ローカルな自律性や民族的自律性を擁護することは法律と衝突せざるをえず、民族的抵抗を指導する人々は反逆者やテロリストのレッテルを貼られて投獄され、殺害されることもあり、公共の場で「方言」を使用すると犯罪行為として罰せられた。既存の差異を均したり溶かしたりして、すべての人にとってのナショナルなメルティングポット（るつぼ）にするには、さまざまな権威の後ろ盾が必要だった。近代国家がその主権を正統化し、市民の規律を確保するためにナショナリズム的な情熱が必要だったように、ナショナリズムが統合作戦に成功を収めるためには強力な国家が必要だった。ナショナリズムが主張する権威には競争相手はいなかった。すべての（国家に依存しない）代替物は反乱の種を宿しているとみなされた。（民族的あるいは領土的な面で）自給自足の自律的なコミュニティ（共同体）は反抗的な雰囲気の自然な温床となり、反国家の陰謀の隠れ家となりえた。

リベラルな顔の方は、ナショナリズムの顔と似ても似つかなかった。それは友好的で善良であり、基本的に人を魅了する微笑みを浮かべていた。それは強制には蔑《さげす》みで応え、残忍な態度には嫌悪感で応じた。リベラルな顔は他人の意志に反して何かを強制しようとはせず、とりわけ、自分が忌み嫌っていることを誰かにさせようとはしなかった。それは、強制的な改宗も、（改宗が自由に選択されている場合には）力による改宗の妨害もともに禁止した。しかし、リベラルの視点から見ても、エスニック・コミュニティやローカル・コミュニティには、そもそも個人の自立や自己定義を阻もうとする傾向があるゆえに反乱の種を宿しているように思え、抑圧や完全な除去が必要だと感じられた。リベラリズム（自由主義）は、自由の敵が自由を剥奪され、寛容の敵が寛容を拒まれれば、地方主義や伝統の地下牢の中から、すべての人々に共通の本質が現われるだろうと信じた。そうすれば、自分自身の力で、さらには自らの自由意思で、一つのそして共通の忠誠心とアイデンティティを選択する、すべての人々の統一体へと向かう道には何の障害物も立ちはだかっていないだろうと……。

コミュニティには、新たな国民国家が示すナショナリズムの顔とリベラリズムの顔の根本的な違いが分からなかった。というのも、ナショナリズムとリベラリズムは異なる戦略を好んだが、同じような目的に向けて努力していたからだ。いずれのプランの中にもコミュニティの居場所はなく、自律的で自己統治的なコミュニティにとってはとくにそうだった。「一つのネーション」のナショナリズム版にも、自由で強制によらない市民の共和制のリベラル・モデルの中にも、そうしたコミュニティのための場所はなかった。国民国家の二つの顔のどちらが未来を向いているかにかかわらず、それらのコミュニティが目にしたのは、まぢかに迫った中間権力の没落だけだった。

ネーション形成のプロジェクトは、エスニック・マイノリティ（少数民族）に同化か消滅かという残酷な選択肢を与えた。実際には、自らの意志で独立した文化的アイデンティティを放棄させるか、実力によってそれを奪うかである。両方の選択肢は同じ結果をもたらした。すなわち、文化的な差異を処理しながら、それと同時に、何らかの理由で差異を残したままの人々を除去することである。同化への圧力の目的は「他者」から「他者性」

を奪うことだった。つまりは、彼らをネーションの他の部分と見分けがつかないようにし、彼らの差異を包摂・消化・溶解して、ナショナル・アイデンティティという一様な混合物にすることだった。したがって、排除の戦略と、明らかに消化不能で溶解不能な人々の除去には二重の役割があった。それは、異質性が強すぎると考えられたり、自分たちの慣習に固執しすぎていたり、変化に対する抵抗が強すぎて他者性の痕跡を消せないと思われる、身体的にも文化的にも独立した集団や人々に対する手段として用いられた。それはまた、扇動の手段としても用いられた。つまり、怠惰なものや確信が持てないもの、決心のつかないものに同化への熱意を呼び覚ますことであり、彼らに自らの運命を素直に受け入れさせる最後の一押しの役割を果たすことだった。

コミュニティには自らの運命の選択肢は残されていなかった。誰に同化の用意があり、誰にその用意がないのか（あるいは、ネーションを汚さないためや、国民国家の主権を損なわないためにも、同化させるべきでないのは誰なのか）についての判断は、有力なマジョリティ（多数派）、すなわち国家を牛耳っているネーションに委ねられた。支配することは自由に自らの意向を変える権利や手段を持つことに等しい。その結果、支配されている側にとってそれは絶えざる癒しがたい不確実性の源泉となる。支配している人々の決定は両刃の剣であり、おまけに予測が不能である。そうした環境下で、同化を受け入れるか、それともいかなる犠牲を払おうとも同化を全面的に拒否して自らの文化を保持するかの選択は、支配される側のマイノリティにとってリスクに満ちたものだった。つまり、すべての差異を狙い通り温存させるかそれとも否定されてしまうか、もっと正確には、それが公式に承認されるか、それとも非難の対象になるかを決める要素は、マイノリティのコントロールが及ばないところにあった。支配されている側が直面する困難は、同化への要請がマイノリティ集団全体に向けられているにもかかわらず、同化への取り組みの責任は個人が負わされるという事実によって、いっそう手に負えないものになった。この二重性によって支配する側は、同化に取り組んでいる同じコミュニティの成員に対して連帯感を示した人々と、コミュニティに背を向けた人々を、同じように非難することができた。すなわち、前者のケースで、人々はその偽善性やその改宗の際の不誠実さを非難され、後者のケースでは、その卑劣さや、他人を犠牲にして自らの社会的地位を向上させようとしていると非難された。

ジェフ・デンチが述べているように、「完全な統合と止むことのない消滅への恐怖心の間で宙吊り状態にあった」文化的マイノリティのメンバーは、自力で自分の未来を切り開いていった方がいいのか、それとも、公式のイデオロギーを受け入れずに、拒絶されている人々の側に加わるのがよいのか、確信が持てなかった。

コミュニティに対する感情は、人々が同化への権利を否定されたとき自然に発生する。彼らが選択を奪われたときに残されるものは家族的な結束に避難所を求めることである。「エスニック・マイノリティ」の「コミュニティ」衝動は「自然」であるばかりか、上からの剥奪行為やその恐れによって課せられ、駆り立てられる。すなわち、文化的マイノリティは自己決定の権利を奪われており、それを保持しようとする努力も無駄に終わる。すべての残された選択肢はこの最初の剥奪行為の結果であり、それらも、その脅威がなければ生じないだろうし、それがなければ生じないだろう。支配集団が、被支配集団に対する嫌悪感や彼らの無力感に乗じて、彼らを「エスニック・マイノリティ」の枠組みに収めようと判断することは、「予言の自己成就〔人がある予言を信じて行動することで、本当にその予言が実現してしまうこと〕」のあらゆる条件を備えているといえよう。

もう一度デンチの言葉を借りると、友愛という価値は必然的に自発性や個人の自由と対立することになる。そこには共通の人間の性質や普遍的な人間性という賢明な考え方はまったく入っていない。彼らが承認しようとする唯一の人間の権利は、それを提供するコミュニティに対する義務と論理的に結びついている。

この場合の個人の義務には調印された相互協定という性格はない。大規模な排除によって「エスニック・マイノリティ」に出口が与えられなかった結果、個々のメンバーが遭遇するコミュニティの義務を取り巻く状況は絶望的なものになった。追放という亡霊に直面して生まれた反応は「包囲された城塞的なメンタリティ」ともいうべきもので、それは、共通の大義に無条件に従い、一つ以外のすべての選択肢の価値を減じるか、完全に否定するものである。コミュニティから課される義務の受け入れを公然と拒むことは反逆とみなされるだけではない。同様の判断はコミュニティの善に対する貢献の欠如とも受け止められる。コミュニティの活動に懐疑的な姿勢や疑念を示すことも、いまわしい堕落した憎むべき「第五列」〔敵方と内通するもの〕の兆候とみなされる。コミュニティの側からは、あまり友愛の感情を示そうとせず、情熱に欠けていて積極的に行動しない同朋は「最初の敵」となる。もっとも血なまぐさい戦闘が始まり、戦いが繰り広げられるのは、コミュニティの城塞の外側ではなく、内側である。一つの目標としての友愛は同朋殺しを許容される手段として是認する。

排他性の高いコミュニティでは誰も自分のコミュニティを簡単に離れられるとは思わない。つまり、豊かで有能な人々にも、貧しく無力な人々と同じように、行き場がない。このことが「エスニック・マイノリティ」の免疫力を強化し、彼らに、他の社会との間を柵で隔てられていない他の集団よりも多くの生き残りの機会を与えることになる。後者の集団は、家族の中のエリートが大量に流出してしまうために、ばらばらになって結束力が弱まり、自分たちのアイデンティティを急速に失う傾向がある。しかし、前者のマイノリティにしても、そのメンバーの生き残りの機会が増える代わりに、メンバーの自由にさらなる制限が加わるという代償を払わなければならない。

今日、統合されたネーションと国家建設という戦略が現実に合わなくなりつつある理由は多々ある。しかし、より多くの理由が結びついた結果、政府が求めるこの戦略の広範な実施は緊急性に乏しく熱心に追及されず、一般の人々にとって望ましいものではなくなっている。他のすべての理由にからんでいる「メタ理由」とも言えるものが、今日的形態のグローバリゼーション・プロセスである。

「グローバリゼーション」は主として、グローバルな次元に拡大された人間同士の依存のネットワークを基盤にしている。しかし、重要なことは、このプロセスがそれにふさわしい有能で効率的な政治的統制機関の出現や、本当の意味でのグローバルな文化を伴っていないことである。経済や政治や文化の不均等な発達と密接に結びついているのが権力と政治の分離である。すなわち、資本と情報の世界的な配分に具現されている権力が超領土的なものになる中で（あらゆる場に対して外部的になる中で）、政治制度は以前と同じように、ローカルなものにとどまっている。このことが必然的に、とどまることを知らない国民国家の弱体化をもたらしている。帳尻を合わせたり、独立した社会政治を実行に移したりするための適切な手段を持たない各国政府には、事実上、「規制緩和」という戦略しか残されておらず、経済と文化的プロセスに対するコントロールを、基本的に超領土的で、その結果、政治による統制の足かせを免れている「市場の力」に委ねている。

かつて近代国家のトレードマークであった規範的な規制が取り払われていることは、これまで権威と権力を高める基本的手段であった、人々のイデオロギー的・文化的な動員が不要になりつつあることを意味している。それは、市民に兵役義務を求める必要がなくなっているのと軌を一にしている。今では誰も明確な目的に貢献しようとしない。つまり、国家はもはや、少なくとも独立した形では、社会統合やシステム管理のプロセスを自主的に監督しようとはしない（かつて、それらの仕事には、規範的な規制や文化の運営、愛国的な感情の動員が不可欠であったが）。国家は今日、それらの仕事を（自らの意志で、もしくは選択肢の不足のために）、それについて何の統制力も持たない集団に委ねている。管理している領土内で秩序を保つことが政府の唯一の役目である。国家は昔から保持してきた他の機能からもできるだけ早く撤退しようとするか、他の集団とそれらの機能を分かち合おうとしている。国家や政府機関は部分的にこれらの役割を担っているだけであり、それも独立した形で担っているわけではない。

こうした変化に伴って国家は、自らが保有していた至高の地位、そして想定上や主張に基づく、唯一の統治権の保持者の地位を奪われている。かつて国民国家の多元的な主権のうちの重要な立場を確保していたネーションの野望は今日、制度の空白に宙吊りの状態になっている。存在の安全についての感情の基盤も揺らいでいる。昔から記憶されてきた血と大地の絆は、今日の変化する条件の中で、かつての信頼性をほとんど失っている。ジェフリー・ウィークス〔一九四五―。英国の社会学者〕が別の文脈で繰り返しているように、〔共同体的な〕集団の「生まれながらの帰属」という昔話にもはや信頼がおけなくなっているとき、その場所に芽生えているのが「われわれはどこから来たのか、どこへ行くのか、われわれは誰なのか、どこに向かっているのかを自問する」「アイデンティティ物語」に対するニーズである。(1) この種の物語は、失われてしまった安全感覚を取り戻し、失われた信頼を再構築し、全体として「他者との有意義なやり取りを可能に」する上で不可欠になりつつある。「かつての確実性や忠誠心が一掃されるのに伴って、人々は新たな帰属を求めている」。しかし、「帰属の自明性」（かつては堅固に築かれた強力な制度の明確な安定性によって日々確認されていた自明性）という古い物語とはまったく異なる、新たなアイデンティティ物語にまつわる問題は、「個人個人がそれらを存続させようとしない限り、誰も存続させようとしない関係の中で、信頼とコミットメントを築かなければならない」ことである。

グローバリゼーションと規制緩和が組み合わさって生じた規範の空白が、個人の企業活動や各種活動に、より多くの自由をもたらしていることも確かである。現在語られている「アイデンティティ物語」のいずれも結局のところ改訂を免れない。それぞれの物語は、次のものに比べて満足がいかず、人を喜ばせず、望ましいものでなくなれば、すぐさま否定されかねない。理由は何であれ、隠れた障害物のない規範の空白の中で実験を試みるのは簡単である——問題は、その結果がどれほど喜ばしいものであろうと、それが統合して規範にならない限り、安全をもたらさないことである。すなわち、それらの平均寿命は非常に短いため、実験を通して求められる存在の安全を得るまでには長い時間がかかる。人間の絆（彼らの間のコミュニティの絆についても）を永続させる唯一の保証は、それらは続くべきだとする個人の判断であるため、その判断は継続的に更新され、絶えざる熱情やコミットメントを通じて表明されねばならない。選択された絆も、それを永続させようとする意志を単なる満足以上の堅固なものによって誘惑の脅威から守らない限り、その本来の性格からして一時的であり、長続きはしない。

だが、こうしたことは完全に悲劇的な知らせではない。それは自分の能力に頼りながら波に逆らって泳ぎ、自分の選んだコースをたどろうとする進取の気性に富んだ有能な人々を奮い立たせるかもしれない。そして、万が一失敗しても、他の多少満足度に劣る選択肢が残っている。そうした人々はコミュニティの安全の保障に対する希望など抱いておらず、長期の義務の代償を考えることにもさほど関心がない。だが、豊かでもなければ有能でもない人々については事情が異なる。これらの人々にとって、自分たちが避難所を求めていて、保護を期待しているコミュニティに、気まぐれな個人的な選択肢よりも堅固な基盤があるという知らせは待ち望んでいたものである。弱くて進取の気性のない人々にとって、自由な選択への権利の見返りが結局のところ一つの幻想にすぎず、おまけに自らの欠陥と屈辱をさらすという耐えがたい組み合わせの原因であることを考えれば、強制された生涯消えることのない成員資格にまつわる代償も、決して過大なものには思えない。

これらの理由により、ジェフリー・ウィークスが詳細に説明しているように、もっとも強力なコミュニティ感覚は、危機にさらされている自らの集合的存在の前提を見出し、そこから強力な抵抗とエンパワーメントの感覚を与えてくれるアイデンティティ・コミュニティを建設しようとする集団に由来する場合が多い。自分たちのよりどころとなる社会関係を支配できそうもない人々は、世界を自分たちのコミュニティのサイズに縮小し、それを足がかりにして行動する。その結果よく見られるのが、包摂の方法としての、もしくは偶然性に対処する方法としての強迫的党派主義である。

（現実の）個々人の弱さを（幻想としての）コミュニティの力に変えることは、保守的なイデオロギーや排除の実践につながる。保守主義（「ルーツへの回帰」）と排他主義（「彼ら」全体が「われわれ」すべてに対する脅威だとする考え方）は言葉を現実に変えるために不可欠である。ようするに、想像の共同体に従属のネットワークを産み出させて、その力を現実のものにするのに重要である。言い換えると、それらはW・I・トーマスの有名な原理「人々が状況を現実的と規定すれば、その結果それは現実となる」の実現に欠かせない。

前に言及したように、ヨーロッパは私たちの目の前でディアスポラのモザイクに変化しつつある（もっと正確に言うと、重なり合う十文字状のエスニックな島々に変わりつつある）。現地の人々からの同化に対する圧力が存在しない中、そうしたディアスポラの島々の中で自らのナショナル・アイデンティティを、自国でと同じように保護することは可能である。おそらくもっと効果的に保護することができるかもしれない。というのも、マルティン・ハイデガー（一八八九―一九七六）が語っていたように、見知らぬ土地において、アイデンティティは、特別な管理も維持も必要のない「所与」の明確なものから、「設定がなされ」それゆえ行動が必要なものにシフトしているからである。そして、隣り合わせているディアスポラや互いに混じり合ったディアスポラは、望ましいアイデンティティをめぐる交渉の中で、互いに高めあい、パワーを獲得することができる。私たちがすでに「誰が誰に」（影響を及ぼしているのか）についてあれこれ考えているとすれば、英国の中の今日の（日々拡大しつつある！）ポーランド人ディアスポラが、自らが英国化しているのと同じくらい、英国の景観にポーランド性を加えていることを忘れないようにしよう……。

ヨーロッパが今日直面している主な課題は、軍事的なものでも経済的なものでもなく、「精神的で知的なもの」であると、ジョージ・スタイナーは力説している。(2)

ヨーロッパの持つ特質は、ウィリアム・ブレイクが「細部に宿る神聖なもの」と呼んでいたものである。それは二〇キロ程度しか離れていない世界の中に分断をもたらす言語的・文化的・社会的多様性のモザイクである……。ヨーロッパは、その言語やローカルな伝統、社会的な自律性をめぐって戦わなければ、きっと滅びてしまうであろう。もしもヨーロッパが「神は細部に宿る」ことを忘れたなら。

ハンス・ゲオルク・ガダマー〔一九〇〇—二〇〇二。ドイツの哲学者〕の著作にも同じ発想が見られる。彼は多様性や多種多様な富をヨーロッパの特別な徳目に挙げている。ガダマーによると、豊かな多様性こそヨーロッパが過去の戦争からかろうじて救い出し、今日の世界に提示しているもっとも貴重な宝物である。「他者とともに生きること、その他者の他者として生きることが人間の基本的な責務である——もっとも控えめなレベルで、さらには、もっとも高いレベルでも……。それゆえ、おそらく、他者とともに生きる技法を学べること、学ばざるを得ないことが、ヨーロッパの特別な利点である」[3]。ヨーロッパでは、他のどの地域とも違って、「別の人々」が常に目の届く範囲内に暮らしていた。それは比喩的な意味だけでなく、物理的な意味でもそうだった。ヨーロッパでは「別の人々」はもっとも近い隣人であり、その結果、ヨーロッパ人は自分たちを隔てる差異の存在にもかかわらず、これらの隣人の条件をめぐって協議しなければならない。ガダマーによると、「非常に制約された空間の中での多言語主義や、他者との近接、他者との共通の価値観を特徴とするヨーロッパの景観は、他の世界にとって、自らの生き残りや運命を左右する知識や技能を身につけるための研究室や学校とみなすことができよう」。ガダマーが言うには、「ヨーロッパの責務」は、誰もがあらゆる人々から学んだあらゆる技を伝えていくことにある。私は次のようにつけ加えることにする。つまり、ヨーロッパの使命、もっと厳密に言うと、その運命は、それを私たち自身の運命に変えるような一致した取り組みを待ち望んでいる、と。

現代世界の生活上の諸問題の解決のために不可欠な条件が友情と「心地よい連帯意識」だとすれば、右のような使命の持つ意義や、（ガダマーを再度引用すれば）ヨーロッパがそれを開始する際の決意を過小評価することはできない。この任務に取り組むに当たって、私たちはヨーロッパの共通の遺産にインスピレーションを求めることができるし、求めるべきである。ガダマーによれば、古代ギリシア人にとっての「友人」は「社会的な生活の全体性」を指していた。友人とは、お互いの間の差異とは無関係に好意的な関係を築くことができて、それを望んでいる人々のことであり、その差異を手放すことなく、互いに助け合おうとする人々のことだった。それと同時に、その差異によって距離が生まれないよう努力したり、互いに反目しあわないよう配慮する人々のことでもあった。

右のことから次のように言える。すなわち、私たちすべてのヨーロッパ人は、私たちの間にある多くの差異や、私たちの経験の多様性、それにより形成されたさまざまな生活様式、さらには私たちの共通のヨーロッパの家が持つ差異ゆえに、ヨーロッパの祖先である古代ギリシア人にとっての友情と同じような意味の友人となるのにふさわしい。すなわち、私たちにとって大切なものを犠牲にすることによってではなく、近くや遠くの隣人にその大切なものを気前よく与えることによって（ちょうど、彼らが私たちに同じものを与えてくれているように）友人となるのである。ガダマーは、理解しようとすることが「地平の融合」につながると指摘している。それぞれの人間の集合体が真理とみなすものがその集合的な経験の基礎だとすれば、彼らの視界を取り巻く地平線は集合的な真理の境界線でもある。さまざまな集合体を母体とする私たちがすべての人々に共通の真理を見つけて合意したいのであれば、私たちには、個別的な歴史の経験であっても、共通の未来の統合の前提条件となる「地平の融合」が必要である。私たちにとって欧州連合はそうした融合のチャンスである。それは結局、私たちの共通の実験室であり、その中で私たちは、意識的かどうか積極的かどうかを問わず、集団の地平を融合し、その過程でそれらをいっそう拡大していく。ガダマーとは異なる隠喩を用いれば、私たちの一致した取り組みによって、またすべての人々の利益のために、私たちはさまざまな原石を鍛え上げながら、すべての人々が合意できて有益に思える価値や理想や意志の混合物を実験室の中に持ち込む。すべてがうまくいけば、それは私たちの共通の価値や理想や意志の表れとなるかもしれない。そうなると、私たちが気づかないうちに、この仕事の全行程を経て、各原石はより価値あるものとなり、私たちは遅かれ早かれ、また当然のことながら、私たち自身のためにもその価値を承認することになる。

この仕事は先延ばしされており、その足取りは遅々たるものである。つまり、急速な成果は期待薄である。しかし、このプロセスは早めることが可能かもしれず、意識的にまた一貫して「地平の融合」を促すことによって、成果がすぐにでも表われないとも限らない。融合への道には何も立ちはだかっておらず、バベルの塔を建てた人々から引き継いだ言語の融合を遅らせるものは何もない。欧州連合は二三もの言語を「公式」と認めている。しかし、欧州連合のさまざまな国で人々はカタロニア語、バスク語、ウェールズ語、ブルトン語、ゲール語、カシューブ語、ラップ語、ロマーニ語、多くのイタリアの地方語（すべては盛り込めないので、省略するのをお許し願いたいが……）で読んだり、書いたり、考えたりしている。一握りの驚異的なほど多言語に通じた人々を除く私たちのほとんどが、膨大な数のヨーロッパの言語にアクセスできないでいる。そのため、私たちはみな貧しい状態にあり、ハンデを背負っている。したがって、なじみのない方言で書かれている経験の中に、アクセスすることのできない多くの知恵が埋もれてしまっている。この埋もれた知恵の唯一の構成要素ではないにせよ、もっとも重要な構成要素の一つが、親や子供、配偶者や隣人、上司や部下、「インサイダー」と「アウトサイダー」、友と敵が抱いている関心や希望や経験は驚くほど似ているという認識である（それらがどのような言葉で説明されるかは別にして）。

一つの痛切な（おおげさかもしれないが）疑問が浮かんでくる。もしも欧州連合の基金の一部が、その住民たちが執筆して、共同で編集し、刊行する「ヨーロッパ文化の自由」の翻訳に充てられていたなら、私たちはどれほど多くの知恵を獲得できただろうか？　どれほど私たちの共生に役立っていただろうか？　個人的に私は、それがヨーロッパの将来とその使命の成功への最良の投資だったのではないかと考えている。

モダニティの最初の段階である「ソリッドな状態」の最大の特徴は、その規定的な条件を自ら構想した点にある。それは秩序の追求を寿ぐものであり、それが達成されたなら、その必然的で事前に定められたコースを走ることになっており、その将来のフィナーレが「安定した経済」なのか、「完全に均衡のとれたシステム」なのか、「公正な社会」なのか、それとも「合理的な法と倫理」の処方箋に支配されるコミュニティなのかは別問題であった。他方のリキッド・モダニティは、株式市場や国際通貨市場に見られるような変化を引き起こす多くの力を解き放つ。それにより、文化的な変化は「自らのレベルを見出す」ことができるようになり、その結果、他のレベルを目指すことも可能になる。現在のレベルのいずれも、また当然のことながら、一時的なレベルにしても、決定的で取り消しがきかないものとはみなされず、需要と供給のゲームがその（予測不能な）コースをたどるかぎり定まることはない。こうした非常に印象的な変化の特質を踏まえて、モダニティの「リキッド段階」の政治的なトリックスターや文化の提唱者は、計画された道のりの終着点である社会的公正のモデルの構築をほぼ完全に断念してしまった。この展開の道のりは今や果てしない試練（そして明らかに過ち）の連続とみなされている。その関心は目標から手段にシフトしつつある。つまりは、最終目的地を決めることから「未知なものへの旅」を提供することに、さらには鉄道のルートを計画することから自動車に燃料を入れることにシフトしている。時刻表は今では「交通規則」に取って代わられている。つまり、将来の歴史の動きという点で、連続的あるいは同時発生的で競合する共存の形を評価するに当たって今後の指標となるものは、「人権」という規則・基準・尺度である。

社会的公正のモデルの場合には、多少なりとも完全な内容の一覧が求められたのに対し、「人権」という原則は、その性格上、形態の定義に限定されざるをえず、内容の問題には無頓着である。この原則の唯一の永続的な「与件」は、古いがまだ満たされていない要求を記録すると同時に、新しい要求を明示し、その承認を求めようとする絶えざる動機である。多くの人権のうちのどれが、また承認を求めている多くの人々のうちの誰が、今後承認されるのかそれとも無視されるのか、かつて承認されていたかそれとも無視されたのか、すでに承認されているカテゴリーのどれが不当にも承認を拒否されたか、それとも十分な関心を集めなかったかを、予測したり解決したりするのは不可能であると受け止められている。この種の疑問に対する予測しうる回答の一覧については徹底的に検証されたためしがなく、現在提出されているすべての回答について再検証が必要である。こうした状況の一時的な性格が、相手はどの程度自分の選んだ立場から踏み出せるか、相手はどの程度自分の特権を放棄するよう促されるか、どのような議論によって相手は自分の利害に反する要求に屈するかを確かめようとする議論や、「診断をめぐる衝突」や検証につながることは間違いない。「人権」に訴えることで承認を求めることに伴う直接的かつ実践的な帰結が戦場や戦線の拡大であり、そしてまた、これまで継承されてきた対立や既存の対立、さらには将来生じるかもしれない対立がその線に沿って収束する、境界線が移動することである（しばらくの間だけだが）。

ジョナサン・フリードマンが指摘しているように、私たちは近年、これまで経験したことのない状況下、すなわち、「モダニズムなきモダニティ」の世界にいる。[4] かつてと同じように、私たちは限界を突破しようという近代に特有の衝動に駆られているが、もはやその目標や運命に魅せられたり、それを想像したりすることはない。こうした特別な嗜好の変化は歴史的な転換とみなすことができるが、それは唯一の変化ではない。「長期的な義務」に無関心か完全に敵対的な、グローバルで本当の意味で越境的な新たなパワーエリート（言葉のない、いわば取り消すことのできない人々はさておき）は、その前任者である国民国家のエリートが抱いていた「完全な秩序」を作る意欲を放棄してしまっている――しかし、彼らは、秩序を作って、それを日々維持しようとした経営エリートのかつての抑え切れない衝動も失ってしまっている。「高尚な」文明、昇華された文化、フランシス・ベーコンの

「ソロモンの家」スタイルの教育運営のプロジェクトはもはや流行遅れである——そしてときおり出現するものもすべて、SF小説と同程度の扱いしか受けていない。すなわち、それらが賞賛される場合でも、それはそのエンターテインメント的な価値のためだけによるものであり、それらが引き起こす関心も一時的なものにすぎない。フリードマン自身が述べているように、「モダニズムの衰退とともに……差異だけが残り、それが蓄積している」。差異に不足することはない。つまり、生じていることは「境界線の不鮮明化」だけにとどまらない。「むしろ、世界のあらゆる衰退地域の、あらゆる新たな街頭のあらゆる街角に新たな境界線が出現しているかのようである」。

「人権」の考え方は個々人に恩恵を与えるために生み出されたが（すべての人々が、処罰や社会や人間集団からの追放の恐れなしに、他の人々から独立した、異なるとみなされる権利をめぐって）、「人権」のための闘争が他の人々と協力して開始されるのは明らかである。というのも一致協力した取り組みがあって初めてその恩恵（したがって、前記の境界線を際立たせ境界線の通行を厳しく管理しようとする意欲）を享受できるからである。一つの差異が一つの「権利」になるためには、その差異は交渉力に富んだ大規模集団やさまざまなカテゴリーに属す個人にとって共通のものでなければならない。それはまた、無視されることなく、真剣に受け止められるだけの輝きのあるものでなければならない。すなわち、差異への権利は、共同で要求を行う際の一つの賭け金にならねばならない。

その結果、個人のために諸権利を行使する闘いは、強力なコミュニティ建設と結びつくことになる。すなわち、塹壕を掘り、教育を施し、攻撃部隊を作り、侵入者を阻み、居住者を居住地内に囲い込む、ようするに、とどまる権利や、入退出ビザを詳細に検証するような強力なコミュニティ建設と結びつく。差異がいかなる犠牲を払っても守り抜く価値のあるものとみなされると、その後にはやがて、腕を組み、足並みを揃えて行進してくれるメンバーを求める声高な呼びかけが続くことになる。しかし、こうした事態が起きたなら、まずは「差異を生み出す差異」を見つけ出して、それを人間同士の差異の塊から解きほぐす必要がある。それは「人権」のカテゴリーに属す要求に十分な資格を与えるとみなされるくらい明確で意義のあるものでなければならない。こうした「人権」の原則は、全体として、差異の構築と再生産、そしてそれを取り巻くコミュニティ建設プロセスの緊張を緩める触媒の役割を果たす。

ナンシー・フレイザー〔一九四七―。米国の政治学者〕は「差異の文化政治と平等の社会政治の間のギャップの拡大」に抗議し、「正義は今日、承認と再配分の両方を求めている」とつけ加えている。

個人や集団が、他の人々と同等の条件で参加しなかったものを構築したり、他の人々とは異なっている性質や、彼らのものとされる性質の信用を損ねるものを構築したりするに当たって、ただ単に既成の文化的価値の枠組みだけを根拠にして、社会的なやりとりの正当なパートナーの地位を否定されるのは不公正である。(5)

したがって、「承認をめぐる闘争」が戦っている両サイドを駆り立てて、差異を絶対的な価値に変えてしまう明確な理由がある。結局、それぞれの承認要求の中には、トーンダウンさせることが困難で除去するのはなおさら難しく、通常はそれらの要求を、フレイザーの言葉を借りれば「宗派的な性格」に変えてしまう原理主義的傾向を持つ要素が含まれている。承認の問題を「自己実現」の文脈（現在支配的な個人志向の「文化主義」方式に従って、チャールズ・テイラーやアクセル・ホネスがそれを好んで位置づけている）ではなく、社会的公正の文脈に据えることには、次のような面で有益な効果がある。すなわち、それによって承認に対する要求というとげから宗派主義の毒を（物理的・社会的分裂や、コミュニケーションの破綻、自己達成的な相互に刺激しあう反目など、その毒のもたらす結果と一緒に）取り除くことができる。平等の名の下になされる再配分に対する要求が統合のツールであるのに対し、文化的な差異の促進に集約される承認に対する要求は、分断や分裂、そして結局のところ対話の決裂を促す可能性がある。

大事なことを一つ言い残したが、「承認をめぐる闘争」と平等に対する要求を結びつければ、差異の承認を求める闘争が相対主義の罠にはまるのを防げるかもしれない。実のところ、それは、平等の基礎の上に立った社会的やりとりへの参加資格としての「承認」の定義に由来するものでもなければ、（フレイザーをもう一度引用すれば）「すべての人々が社会的名声について平等の権利を持っている」（言い換えれば、すべての価値は平等であり、すべての差異は違っているという事実そのものにより育むに値する）結果としての社会的正義の問題との結びつきに由来するものでもない。それは単に「誰もが平等の機会を保証する正当な条件の下で社会的な敬意を要求する平等の権利を持っている」ことに基づくものである。承認を求める闘争が文化的な自己決定や自己実現の枠組みの中に押し込まれてそこに放置されると、対立の可能性（そして最近の経験が示すように、最終的なジェノサイドの可能性）が露わになってしまう。しかし、承認に対する要求とその結果としての政治行動が社会的公正の問題の中に位置づけられれば、出会いや対話や交渉の触媒となり、それが最終的により高いレベルの統合――倫理的なコミュニティの範囲を隠すのではなく、広げる――につながることになる(必ずではないが)。

これは頭が割れそうな哲学的話題をめぐるものではない。問題になっているのは、哲学的議論の精確さや理論的なアプローチの統一でもない。またそれらの事柄にとどまらないことも明らかである。公平な分配の問題を承認の政治と結びつけることは、社会的公正という近代の約束を「リキッド・モダニティ」の諸条件に合わせることである。あるいはジョナサン・フリードマンの「モダニズムなきモダニティ」やブルーノ・ラトゥール(一九四七―。フランスの社会学者)が指摘する、多様性の恒久的な共存への合意の時代[6]、すなわち、何よりも平和的な人間の共生の技が求められる条件に合わせることである。

「モダニズムなきモダニティ」は、人間の悲惨を根絶することや、人間の置かれた条件から対立や苦しみを取り除く希望がもはや達成しがたい条件でもある。「善き社会」という理想がリキッド・モダニティの景観の中で依然として重要だとすれば、それは「みんなに機会を与える」社会、言い換えると、機会を阻むものを一つずつ除去するという発想に基づく社会に立脚するものでなければならない。別の方式の秩序を押しつけることでは、これらの障害を一掃できないことを私たちは自覚しており、したがって、「公正な社会」を実現する上で唯一可能な戦略は、承認を求めるたびに現れる障害を少しずつ取り除いていくことである。すべての差異が同じ価値を持つわけではない。また一部の生活様式や連帯感の方が他のものより倫理的に賞賛に値するとしても、両方の側に自分たちの言い分を明らかにしたり、自らの利点を証明したりする平等な権利が与えられないと、どちらがよいのか判断できない。どの生活様式が協議の過程で登場するかを事前に予測するのは対話の性格そのものからして不可能であり、哲学的な議論が不足していると結論を引き出すこともできない。

コルネリュウス・カストリアディスが強調しているように、「現実には」「いかなる問題も事前に解決することはできない。われわれは不確実で不明瞭な条件の下で善を作り上げねばならない。自律性のプロジェクトは一つのゴール、すなわち一つの指標であって、われわれにとっての本当の問題を解決することにはならない」[7]。私たちが言えるのは、承認を求める権利と社会の反応を受け取る権利は欠くことのできないものであり、自律性、すなわち私たちが生きている社会を自己構成する（したがって、「自己完全化」しうる）決定的な条件だということである。加えて、それが私たちに、いかなる不正やトラブルも隠されず、見過ごされず、無視されることもない可能性を与えてくれるし、解決を要する問題の中に正しく位置づけられるのを妨げられない可能性を与えてくれる。カストリアディス自身が指摘しているように、「あらゆる事柄は社会的活動の再配置に始まり再配置に終わる――それは、場合によっては、今日、われわれが考えることのできるあらゆるものを遠くに置き去りにするかもしれない」。今日の人々を「上手に説得すること」が、彼らが自律性を獲得するのを手助けすることになる。

カストリアディスは、自分は「他者が誰であり何をしているかを考慮することなく、他者の違いそのものを尊重することはない」と言明している。「人権」の承認、すなわち承認に対する権利は、白紙の小切手に署名することでもなければ、要求の対象や対象となりうる生活様式への無条件の合意を意味するものでもない。そうした権利の承認は対話への招待に他ならず、その過程で検討中の差異の持つメリットや欠陥を議論することができるし、(そして何らかの幸運により)それらの承認について合意を得ることもできる。そうした姿勢は、他のすべての形態の「人間であること」を拒否しながら、ただ一つの形態に争う余地のない存在の権利を与える一般的な原理主義のそれとは根本的に異なっている。しかし、それは、本質主義的な差異の性格を持っていて、その結果、異なる生活様式間の交渉の開始を拒む、いわゆる「多文化主義」政治の一派が広めている特殊な形の寛容とも根本的に異なる。カストリアディスの立場は、文化が二つの力、すなわち一方の文化的十字軍と抑圧的な同質化、そしてもう一方の高圧的で非情な非関与から守られるのを求めている。

第６章

# 国家と市場の間の文化

フランスにおける王室や貴族による庇護という形での芸術への関与は、他のヨーロッパ諸国に先駆けて始まった。フランソワ一世（在位一五一五―四七）は一六世紀に国立の織物制作用のアトリエまで作っている。（「朕は国家なり」で有名な）ルイ一四世（在位一六四三―一七一五）は、王立劇場やコメディ・フランセーズ、芸術の発達や芸術家養成用のロイヤル・アカデミー（音楽や絵画を含む）を設立して、国家が芸術を保護する方向に決定的な一歩を踏み出した。

国家が資金提供を行う、今日「文化政策」の名で知られる試みは、「文化」という言葉が初めて生み出される二〇〇年余り前に登場した。つまり、文化という言葉は王室の野望や野心とともに成長したと考えてもよかろう。フランス語の文化（*culture*）は、学芸を推進し、マナーを向上させ、芸術的な趣味を洗練させ、一般の人々がそれまで持っていた、あるいは持っていることに気づかなかった精神的ニーズを目覚めさせる政府の取り組みの総称として生まれた。「文化」は、一部の人々（教養がある強力な人々）が他の人々（「人民」や「普通の人々」はともに教育や権力を剥奪されていた）のために行ったものや、行おうとするものを指していた。フランス語の文化は当初、いくぶんメシアニズム的色彩を帯びた言葉であり、啓蒙し、覚醒させ、改宗を促し、洗練させ、完成に至らせる狙いを持っていたことをうかがわせる。こうしたメシア的（救世主的）な使命は当初から国家が占有し、国家の権威に委ねられていたようである。

フランス王政の廃止後、革命政府がこの使命を引き継ぎ、啓蒙や文化の発想と王朝の支配者には思いも浮かばなかった野望を結びつけようとした。この使命の狙いは、社会を「基礎から」再建し、「新しい人間」を創造し、「人民」を何世紀にも及んだ無知と迷信の淵から救い出すことだった。要するに、入念かつ慎重に新たな社会と個人のモデルを生み出すことだった。王政とその取り巻き貴族を廃止することができれば、あらゆる物事を是正し、完全にひっくり返すことができる。必要なことは何をするか、どのようにそれを行うかであった。「文化」は行動への呼びかけとなり、戦闘の合図となった。

一八一五年から七五年までにフランスの国家体制は五回も変わり、それぞれの体制の間には劇的な違いが見られたが、前の体制が確立したある事柄だけは何の問題もなく次の体制に引き継がれていった。それが、今日「文化の発達と普及」の名で知られる、啓蒙や陶冶の取り組みを国家が支援し監督することである。この時代には、すでに確立していた文化に対する国家の責任に加えて、ネーション（国民）形成への関与という仕事も委ねられた。新たな（そしてよりよい）個人を作るという目標は、フランス共和制の愛国者や忠実な市民の任務となった。大切に管理され、市民がアクセスできるようにする（さらに将来の継承者の財産と栄光のためにさらに豊かにする）国家遺産という考え方は、アイデンティティや国民統合、市民の忠誠心と規律の最大の条件の一つとみなされ、一連のプログラムの中でよりいっそう重要な位置を占めた。何世紀にも及んだ中世の崩壊過程の中から引き継がれてきたローカルな伝統や慣習、方言、カレンダーが統合されて一つの近代国家が生まれるに至ったのは、一貫した文化的プログラムを通じてであった。

文化的活動に対する国家の保護を制度化し整備する散発的で短期的な試みは過去にも数多くみられたが、文化省が設置され恒久化されたのは第五共和制のシャルル・ド・ゴール大統領の下であり、一九五九年二月三日のことだった。ド・ゴールはアンドレ・マルロー（一九〇一―七六）を最初の文化大臣に指名した。マルローはさまざまな試みを行った末に、小規模で一時的な成功を収めている。当時のフランスの政治状況はこうした試みに好都合であった。戦時に損なわれてしまったヨーロッパにおけるフランスの立場を回復するという使命にひたむきなこの国の指導者は、文化を自国の将来の栄光の一環にし、フランス文化の光を他の大陸諸国に投げかけ、賞賛され模倣されるモデルにすべきだと考えた。文化を育み庇護するフランス国家には世界的な威信と栄光が授けられるはずだった。フランソワ・シャボーが半世紀以上後に世界へのフランス文化の普及に関する記事[1]の中で述べているように、国家が芸術を庇護するという形で実施されるフランス文化の世界的な普及は（必ずしも達成されたわけではないが）、「依然として重大な国家的関心事である。というのも、ある国が世界からどう思われるか、世界にどう語りかけるか、どう耳を傾けてもらえるかに、これほど大きな影響を及ぼす要素は少ないからだ……」。

シャボーによると、フランス政府の芸術に対する一貫した態度は「政治的・文化的メシアニズム」の発想に基づいて形成されたが、この使命に対する考え方は時代とともに変化した（一九世紀には主としてネーションの自己決定の権利に関わるものであり、戦間期にはまだ脆弱で不安定だった民主主義の防衛に関わるものであり、二〇世紀末には多文化主義の促進に関わるものとなった）。したがって、文化省が資金不足に悩むことはなく、国家はその資金で芸術家や文化労働者、そしてその取組みによって得られる収益を管理し、利益を手にした。「文化」は今や主として芸術や技術の創造物と理解され、増大する古い作品や近年の作品の取り扱いは、新たに設置された文化省の活動の対象となった。芸術の民主化は政治面の民主主義を補完することになった。マルロー自身はこれらの課題を次のように明示している。「文化に関わる事柄を託された本省には、人類のもっとも偉大な作品、とりわけフランス人が作った作品を多くのフランス人に触れさせるという使命がある。言い換えれば、できるだけ多くの観衆にわれわれの文化遺産を見せ、この遺産を豊かにするような芸術作品をプロモートするという使命である」。

マルローは教育者ぶった態度を断固として拒み、とりわけ、国民に芸術的な選択や文化的嗜好の正典を押しつけるという考えを拒否した。前任者らと違って、彼は「陶冶の対象」の頭越しに各分野の権威が選んだ「高級な」モデルや趣味を押しつけることには関心がなかったし、好みの内容や形式を芸術家の仕事場やアトリエに持ち込むことにも関心がなかった。マルローが関心を寄せたのは機会を与えることだった。つまり、創造者《クリエーター》のためには創造する機会を、芸術家のためには自らの芸術を洗練させる機会を、その他の人々のためには以上の両者と身近に接する機会を提供することに関心があった（マルローは、文化の役割は「ブルジョアの生活を飾ることにではなく、すべての人々がそれに自由に触れる」ことにあると語っている）。

マルローの後継者らも彼の敷いた道をたどった。そして、最初の文化相が定式化し検証した諸原則の論理と、情報社会の発達の論理がからみあいながら、文化的選択の複数性を承認する方向に向かい、最終的にはフランス文化の特性と栄光を示すものとして文化的多元主義が採用され、その主な目標は国家の庇護に支えられ、強化されることになった。それ以降の各政権の文化政策は左右両派を問わず、毛沢東の「百花斉放」のモットーにならった。ただし、この寛容で基本的にリベラルな政策も、異端的な意図を明らかにさせて、それをつぼみのうちに摘んでしまおうという狙いで中国の当局者がしくんだ狡猾な罠だったことが後に明らかになるが……。フランスでは文化的な複数性と芸術の多様性というモットーは賞賛すべき一貫性を持った文化政治の旗印に他ならなかった。ジョルジュ・ポンピドー大統領は「芸術は行政の範疇ではなく、生活の枠組み［cadre］であり、そうあるべきである」と語気を強めて述べた。

文化的多元主義を支持する政策は、フランソワ・ミッテラン大統領とジャック・ラング文化相の時代にピークに達した。ミッテランが呼びかけ、ラングが執筆した一九八二年五月一〇日の法令では、文化省の基本的使命は、すべてのフランス人の間に革新性と創造性を育み、その想像力を開発し、その能力を自由に発揮させ、自らの選択で芸術的訓練を施すようにさせることだと宣言された。この法令は、上記の目的を達成するため、国家機関に対して、地域やグループの活動計画を支援し、独立した未組織の運動やアマチュアの活動を促すことを義務づけた。ラングが繰り返し強調しているように、芸術の発達やその富の普及や活用のためには文化活動の徹底した脱集権化が必要だった。文化相の権限や資金や組織的なノウハウは、文化的な潮流の操作やそれらの間での選択に向けるのではなく、地域の権限強化や、自生的な地域活動の組織化への資金提供などに向けるべきだった。フランス・アカデミー会員で、多くの熱烈な議論を呼びながらも広く歓迎された「文化国家」の歴史的な事情について論じたマルク・ヒュマロリは、フランス文化省の主な関心事は、文化を支配しようとしているのではないかという疑念を抱かれないようにし、特定の流派をひいきにしていると非難されないようにすることにある、と鋭くコメントした。ヒュマロリは、そうした態度を賞賛に値するとは思わなかった。しかし、行政が芸術に関心を寄せる動機に疑念を抱いたことで知られるテオドール・アドルノならばおそらく、行政がかつての意欲を失い、芸術作品の持つメリットやデメリットを判断しなくなったことを好ましく思ったことだろう。

テオドール・アドルノ〔一九〇三―六九。ドイツの哲学者、社会学者、音楽評論家〕は、ある時代の客観的精神を一つの「文化」で表現したとたんに、行政の視点が露わになってしまうと述べ、もっと広い視点からみたその任務は、対照し、配分し、評価し、組織することにあると述べている。さらに彼はその立場の特徴を次のように指摘している。

行政が文化に対して行う要請は基本的に他律的なものである。すなわち、文化は、それがいかなる形を取ろうとも、それ自身に固有ではない基準によって測られるものであり、それは文化的な制作物の質とは何の関連もなく、むしろ、それのない状態で課せられる抽象的な基準と関連がある。(2)

しかし、こうした文化と管理者の間の非対称な社会関係からも予想されるように、反対の側すなわち管理者ではなく被管理者の側からこうしたあり方を経験する人々の目には、完全に異なる視点が生じる。そして、もしもこれらの人々が判断を下すのを許されれば、まったく異なる結論が導き出されよう。その結果、私たちの目の前に、根拠がなく望ましくもない抑圧された感情や、不正や不法という評決が示されるはずである。そうした視点から見ると、文化は行政や管理と対立するものであり、その理由は、オスカー・ワイルドが（アドルノによると刺激的に）述べているように、（自称の、そして芸術の視点からは不当な）管理者が有用と無用の境界線の定義を独占しているかぎり、文化は「無用」なものか、少なくともそうみなされてしまうためである。アドルノによると、その意味で「文化」は「全般的」な均質化の圧力に抗うものであり、特殊なものへの関心や要請を代表し、既存の一般的な事柄やその機構に対して断固たる批判的立場をとるものである(3)。

異なる経験に由来する二つの視点と語りの間の衝突と爆発寸前の対立は回避することができない。衝突が生じないようにするのは困難であり、いったん対立が生じると解消することは不可能である。管理者と被管理者の関係は本来敵対的である。すなわち、両者は反対の結果を期待しており、衝突をはらんだ状態や、相互不信の雰囲気、高まる攻撃開始への誘惑という下でのみ共存することができる。

この衝突はとりわけ激しいものであり、文化の主要な領域でありそのダイナミクスの原動力でもある高級芸術《ファインアーツ》の場合にとくに激しく、破滅的な結末をはらんだ関係となる。高級芸術はもっとも魅力に富んだ文化領域であり、そうした理由から、他の文化が追随する新たな道を作り舗装するために、新たな領土に踏み込んでゲリラ戦をしかけようとする誘惑に抵抗できない（「芸術はよりよいものではなく、代替的な存在であり」、「現実から逃避する試みではなく、現実を活性化しようとする試みである」とヨシフ・ブロッキーは述べている）(4)。芸術作品の創造者はそもそも、管理者が自らの特権を守ろうと活動する際にはその敵対者か競争相手となる。

高級芸術が既存の秩序から距離を取ればとるほど、それに屈するのを頑なに拒めば拒むほど、行政側が芸術や芸術家に課している任務は彼らに合わなくなり、このことで今度は、管理者の側が彼らを（有害とは言わないまでも）無用とみなすことになる。管理者と芸術家は互いに反対の目的を提示する。すなわち、管理者の持つメンタリティは、芸術家にとっては自然な領土や生態系である偶発的な事柄に対して、常に戦争状態にある。しかし、少し前に述べたように、芸術家が一般的なものに代わる想像的なものの創出に没頭すると、好むと好まざるとにかかわらず、管理者側と敵対することになる。行政が行う新規の試みや取組みに対する管理は、最終的に未来を支配しようとする欲望に行き着く。したがって、行政に携わる人間と芸術に携わる人間の間に敵対心が生じるのは避けがたい。

主として高級芸術を念頭に置きながら文化について語っているアドルノは、芸術と行政の衝突の必然性を認めている。しかし、アドルノは、双方にとってこの衝突は必要だと主張し、さらに、芸術には資源を持った庇護者が必要だとも指摘している。その支援がなければ、芸術の役目は達成されないからである。それは仲良く暮らせないのに別居することもできない、多くの夫婦が置かれた状況と似ていなくもない。ただし、衝突や口論の絶えない生活や敵意を抱き合った生活がどれほど不愉快で耐えがたくても、文化（もっと正確に言えば高級芸術）が陥っている不幸の方がはるかに大きく、敵対する相手に対する完全で無条件の勝利など得られそうにない。「文化は計画され管理されるとダメージを受けるが、放任されると影響を及ぼせなくなる可能性があるばかりか、その存在自体も危うくなる」[5]。アドルノはこうした見解を明らかにしながら、マックス・ホルクハイマーとの共著『啓蒙の弁証法』で到達した憂鬱な結論をもう一度引用している。すなわち、かつての宗教の歴史は、近代の政党や革命の経験と同様、生き残りの代償が「思想から支配への変容」[6]だということを私たちに教えている、と。アドルノによると、この歴史の教訓をしっかりと胸に刻む必要があり、そのためにも、文化の「逸脱」機能という大きな荷物を背負いながら、それに対する責任を意識的に受け入れ、批判や逸脱を自分の生活スタイルにしている職業的な芸術家の実践を理解し、肝に銘じる必要がある。

文化の創造者《クリエーター》を行政から撤退させ、それと距離を取らせようという呼びかけは空しいものである。それは彼らから生活費を稼ぐ可能性を奪うだけでない。あらゆる影響力や、芸術作品と社会のあらゆる接触、さらには、その最大の完成作業に必要なものまで奪うことになる（破壊はしないまでも）[7]。

いわば、これは本当の意味のパラドクスであり、もっとも解決が難しいものの一つである……。管理者は「世の習い」として自分に託されている秩序を守らなければならない。すなわち、自らの使命に忠実な芸術家が税金を払って、その論理の邪悪さを暴露し、その賢明さに疑問を投げかけるはずのシステムを守らねばならない。アドルノが指摘しているように、芸術はそもそも不服従で予測不能なものではないかとの行政側の疑念は、常に芸術家に対する攻撃の口実となる。他方で、アドルノが付け加えるのを忘れているように、もしも自らの使命に忠実で世界を（できるだけよい方向に）変えたいと望んでいる文化の創造者が、できるだけ自分たちの声に耳を傾け注目してもらいたいと望んでも、行政が介在しなければうまくことは運べない。文化の創造者には選択肢がない、とアドルノは述べている。つまり、彼らは日々こうしたパラドクスを抱えながら生きなければならない。芸術家がどれほど声高に行政の主張や介入を呪おうとも、共生を選択しないと社会の中での存在理由を失い、自分だけの世界に浸ることになる。創造者は、多少なりとも我慢できる管理形態や管理スタイルを選択することはできても、そうした管理体制を受け入れるか拒むかを選択することはできない。そうした選択権を持つことは非現実的な夢である。

ここで議論したパラドクスは解消することができない。というのも、文化の創造者と行政の当局者の間のあらゆる対立やさまざまな中傷にもかかわらず、両者は同じ家に同居しており、同じ事業に携わっているからだ。彼らの議論は心理学者の「兄弟同士のライバル心」の表れである。お互いが自分たちの役割や共通の目的について同じように理解している。その役割とは、この世界の条件や機能に介入することなく、この世界をこれまでずっとそうであったものや、今後なりそうなものとは違うものにすることである。両者はともに、既成の秩序や望ましい秩序が自力で存続できるのか〔一定の根拠に基づいて〕疑問を抱いていた。ともに世界は常に注意深い監視や調整を必要としていることで合意しており、合意できない点は、その調整の仕方と修正を加えるべき方向であった。結局のところ、この議論と絶えざる権力闘争における唯一の対立点はこの問題をめぐって決定を下す権利であり、自らの主張を通し、自らの決定に拘束力を与える権利であった。

ハンナ・アーレント〔一九〇六―七五。ドイツ出身の政治哲学者〕はもう一歩議論を先に進め、この対立における直接的な利害関係を越えて、いわば両者の間の不一致の存在論的なルーツを見出そうとした。

一つの文化的制作物の恒久性は文化の帰趨に左右される。そもそも文化的制作物の恒久性はその機能的な側面、すなわち、使用や疲弊やほころびによって文化的制作物をこの現象界から消滅させる側面とは対立する。世界の古今のあらゆる文化的制作物が、まるでニーズを満たす以外の存在理由などないかのように（そのニーズが高尚かどうかは重要でない）、社会的なプロセスに欠かせない機能として取り扱われることになると、文化は危機にさらされる。(8)

アーレントによれば、文化は現実を越えるかその上を行くものである。それは当該時点で何がその時代の秩序か、何が「時代の責務」として歓迎されているかとは関係がない。それは「現状」が課す制約――誰がそれをそうしたものと宣言したのか、どんな手段で彼らがそうしたのか――に拘束されないように努め、それが課している制約から自らを解き放とうとする。

アーレントによると、ある時点で使用され消費されることや、使用され消費される過程で損耗することは文化的制作物が運命づけられているものではないし、それがその価値を決めるわけでもない。アーレントは、文化（すなわち芸術）のポイントは美であると主張している。私が思うに、彼女はこうした形で文化の関心事を規定しようとしている。というのも、美は合理的な説明や因果関係に基づく説明を断固として拒否することと同義語か、もしくはその具体化だからである。美はそもそも目的や明確な用途を欠いており、自分以外の何ものにも奉仕しない。そしてまた、せわしげに大声で満たしてくれるよう求めている、承認されていて明確で文書化されているニーズを引き合いに出して、その存在を正当化することもない。芸術が最終的に満たそうとするニーズがどんなものであろうと、それらのニーズはまず、芸術的な創造行為によって呼び出し、生命を与えなければならない。あるものが、その創造に付随する実用的用途やその創造を掻き立てたもの以上に生き長らえることができるならば、それが「文化的な制作物」である。

文化の創造者は今日、かつてと同じように、介入や干渉に反発するかもしれない。そうした介入や干渉は、創造の本来的な非機能性や手に負えない自発性、扱いにくい独立性などとは無縁かつ冷淡な基準に従って文化的な制作物を評価しようとするからだ。文化の創造者は、指名された監督者や監督者を自任する人間にも反発するかもしれない。それらの監督者は、権力やさまざまな措置を自在に駆使して、自らが作成し規定した有用性の規則や基準に従うよう要求するからだ。彼らは全体として、かつてとまったく同じように、芸術的想像力の翼をもぎ取り、創造の諸原則を掘り崩そうとする。しかし、過去数十年間に芸術とその創造者を取り巻く状況に変化が起きている。第一の変化は、現在芸術を監督しているか、その地位に意欲を燃やしている管理者や行政担当者の性格である。第二の変化は、彼らがそれを達成するために用いる手段である。そして第三の変化は、新しいタイプの管理者が、芸術に期待し、それに挑むか、それを必要とするために用いる「機能性」や「有益性」という言葉に与えている意味である。

アンディ・ウォーホル〔一九二八―八七。米国のポップアートの旗手〕は、例のパラドクスと矛盾に満ちた口調と最近のトレンドに同調させた聴覚で「芸術家とは誰も必要としないものを作る人間である」、「ビジネスに望ましいことはもっとも魅力的なアート（芸術）であることであり、お金を稼ぐことはアートであり、よいビジネスは最良のアートである」と言い切っている。消費市場を取り仕切るお偉方、つまりは供給に合わせて需要を増やす専門家が提供する誘惑は、新たな管理者の下で、以上の二つの表明がもはや矛盾しなくなる一つの約束に基づいている。すなわち、新たなボスたちは今後、人々が芸術家の作りたいと思うものだけを所有したい（そして代価を支払いたい）と感じるように誘導し、芸術の営みが「よいビジネス」となるようにしようとする。他方で、その力は、今後、新たな権威の意志が、どの芸術的創作物に需要があるのか、どのような創作物が「よいビジネス」になるのかを判断し、そのなかでも最良のもの（美術品市場の専門家が巨匠の手から絵筆や彫刻刀をはたき落とすような美術品）を見極めるという事実に由来する。

芸術作品と公衆を仲介することはとりたてて新しいものではない。それはかつて、良し悪しは別にして、国家の庇護下にある芸術家に多少なりとも満足感を与えていた。それを司っていたのは文化を司る行政機関である。本当に新しいものは、国家の権威の代理人が放棄してしまった（あるいは代理人から取り上げた）立場を主張する、新たな市場の力の管理者や代理人がこの仲介に用いている基準である。それは消費市場の基準であるため、その関心は主として直接的な消費や直接的な満足感、直接的な利益に向けられている。長期のニーズを満たすために活動する消費市場という言葉や、恒久的なニーズや永久的なニーズなどの言葉は言うまでもなく、矛盾であり撞着語法である。消費市場は回転率の速さや最短の使用期間、廃棄のインターバルの短縮を積極的に推進し、もはや利益の得られない商品を即座に入れ替えようとする。「われわれの時代精神」の典型とも言えるこうした立場は、ミラン・クンデラ〔一九二九―。チェコ生まれのフランスの作家〕によれば、「新しく起きていること、すなわち非常に支配的で膨張力があるため、われわれの視界から過去のものを追い出し、時間を永遠の現在に変えてしまうものを食い入るように見つめている」[9]。それはクンデラが語っている新奇なものにとどまらず、芸術的な創造の性格やすべての芸術の目的とは著しく矛盾する形で存在している。クンデラをもう一度引用すれば、芸術の使命は「われわれにそうであるべき状態を忘れないようにさせること」にある。したがって、一五五頁の表現を引き合いに出せば、新たに起きていることは、依然としてライバル関係にある兄弟の向う道が枝分かれしていることである。

今日の、相変わらず錯綜している段階で問題になるのは、「誰が関わっているか」という問題への回答だけではない。芸術を管理することの持つ意味そのもの、管理の目的、その望ましい結果でもある。問題になるのは、アルタミラの洞窟の壁が絵で覆われた時代から存在してきたような形で芸術が生き残れるかということだろう。文化的な活動を消費市場の基準に合わせることは、芸術作品にとって、消費物資の地位を切望するあらゆる製品が直面する参入条件を受け入れること、つまりは、現在の市場価値によって自らを正当化することに等しい。しかし、文化は、消費市場の勝利によって引き起こされるもっとも痛ましいコラテラル・ダメージ（巻き添え被害）である、存在の価値が下落し永遠性が衰退する中で、はたして生き残れるだろうか。私たちはこの疑問に対する回答を知らないし、まだ知ることができない――そこで、不確かな時代にあって、「消費者の素晴らしい新世界」のプロモーターやファンの慰めるような確信よりも「運命の預言者」の暗い予言の方に信頼を寄せるために、ハンス・ヨナス（一九〇三―九三。ドイツ生まれの哲学者。『責任という原理』などの著作で知られる）の賢明な助言を心に留めるのも悪くはなかろう。

承認を求めている新たな芸術にまつわるもっとも重要な問題は、潜在的な購入者の資金に支えられる市場需要の見通しである。しかし、消費者の関心が気まぐれで一時的なものであり、したがって消費市場による芸術の支配の物語が間違った見通しや評価に溢れていて、そこから間違った判断が導き出されることを想い起こす必要がある。こうした支配的な論理は、結局のところ、作品を増やすことによって審美的な品質基準の不足を埋め合わせる「棚を高く積み重ねる」手法や、無駄の多い過剰や過剰な無駄に行き着くことになる。偉大な劇作家に加えて熱烈な写真愛好家でもあったジョージ・バーナード・ショー

（一八五六―一九五〇）は同僚のアマチュア写真家によく、写真を撮る際にはタラの例に倣うべきだとアドバイスしていた。タラはたった一匹の稚魚が成魚にまで育つよう、膨大な数の卵を産まなければならない、と。ジョージ・バーナード・ショーの警告やアドバイスをもっとも肝に銘じなければならないのは消費産業とその市場の代理人全体のようである。

意識的か否かを問わず、今日の文化的制作物の運命を決めているのは、クライアントになる人、もっと正確に言えば、その数や彼らの銀行口座の中味、活用できるクレジットの規模である。成功する芸術作品（すなわち、大衆の関心を引きつける芸術作品）と成功しない質の劣る無益な芸術作品（すなわち、信頼のおける顧客が通う有名な画廊やオークション・ハウスには並ばない芸術作品）を区別する線は、売上統計や露出頻度、利益を参照しながら引かれている。ダニエル・J・ブーアスティン（一九一四―二〇〇四）の皮肉な定義によると「有名人とは、有名であることで有名な人である」「良書とはよく売れている本のことである。なぜなら非常に売りやすいからである」。今日、市場に出回っている芸術作品の価値を評価し、アーティストの人気とその作品の相関関係を見出そうとしている理論家や美術批評家は、ブーアスティンの警句以上に深く掘り上げようとはしない。私たちがあるアーティストの作品が高価である決定的な理由を探ろうとすると、その理由は結局、芸術作品そのものではなく、アーティストとその作品を暗闇から引き出して大衆の視線に曝す、画廊の名前やテレビ番組、新聞にあることが分かる。

芸術作品に自らのブランドを与えて価値を付与したり、それを引っ込めてその価値を下落させたりしているのは組織や企業だけではない。「承認」の付与には、一回限りの短命だが騒がしい「宣伝」や、マルチメディアの「皮下注射」、「プロモーション」の騒がしいイベントも一枚かんでいる。イベントは今や文化の付加価値のもっとも豊かな源泉のようである。ブーアスティンの言葉を踏まえれば、イベントが大衆の関心を引くのは、大衆がイベントに関心を向けるからであり、イベントの切符が大量に売れるのは、そのチケットを買うために長い列ができるからである……。

有名画廊やコンサートホールでも曝されざるをえないリスクをイベントは免れる。大衆の気まぐれや記憶のはかなさに同調する世界や、常に減少していく関心を得ようと競っている数々の誘惑するような娯楽がある中で、イベントには忠実な観衆の忠誠心に頼る必要がないという強みがある。イベントは、その他のあらゆる本物の消費物資と同様、（通常は非常に短い）有効期限にマッチしている。したがって、その考案者や運営者は長期にわたって悩まずに済むため、出費を抑えることができる。おまけに、そうした性格と時代精神が一致しているおかげで、信頼性や威信も得られる。ジョージ・スタイナーによると、イベントは、最大限の衝撃を与えるとすぐ時代遅れになってしまうよう設計されており、その結果、それ以上の長期投資を行わずに済む。これは歴史的にはあらゆる農民、理論上はチュルゴー、マルサス、リカルド以降のすべてのエコノミストが知っている「収穫逓減の法則」〔ある財の生産を増やそうとして生産要素を投入した場合、要素の追加投入量一単位当たりの収穫量の増加がしだいに少なくなること〕の一例である。

今日の市場収入のもっとも豊かな源泉である一般の人々の関心の平均的持続期間よりも短いイベントや活動の苛烈な競争は、リキッド・モダンの世界の一般的傾向と完全にマッチしている。今日、文化的制作物は「プロジェクト」、すなわち事前に決められていて、できる限り短命なプロジェクトを念頭に置いて作られている。ナオミ・クライン〔一九七〇年生まれのカナダのジャーナリストで作家、活動家〕も気づいているように、自らの生産活動に対する責任とそれが引き起こすリスクを引き受けることよりも、既存製品に自分のブランド名を貼ることで収入を得る方を好む企業は、あらゆるものをこの手順に従わせることができる。すなわち、「砂だけでなく、小麦や牛肉、レンガ、金属、コンクリート、化学製品、雑穀、そして昔からそうした力を免れているとみなされていたあらゆる品々を」[10]。これらの品々は、自らの容易に証明できる品質や価値のおかげで、価値や有効性を証明できると思われていたものである（後に誤りであることが判明したが）。この一覧から芸術作品が抜けているのは、めったにみられないナオミ・クラインの見落としのせいに違いない。

文化は何世紀にもわたって豊かなパトロンや興行主とぎごちなく共生し、彼らに対して非常に複雑な感情を抱き、彼らによって自由を奪われていると感じ、息苦しい思いを味わってきた。そして、いくども要望や支援や求めることで腹立ちを抑える一方、新たな活力や新鮮な意欲を持った多くの聴衆から見返りを得ていた。文化ははたして「管理者の変化」から利益を得られるのか、それとも失うのか？　監視塔の中の見張りが交替すると、文化は結局一介の構成員に成り下ってしまうのか？　こうした変化の中を生き延びられるのか？　芸術作品はつかの間の生命や一五分間の名声以上のものを得られるだろうか？　最新の管理方式を身につけた新しい行政官は、はたして自らの活動を「資産剥奪」、すなわち、被監督者の資産を取り上げて自分の手元に置くことにとどめるだろうか？　今後は「空にそびえたつ山」に代わって「文化的イベントの共同墓地」が、文化が置かれている状況にもっともふさわしい比喩になるのではないか？　これらの疑問に対する回答はもう少し待つ必要がある。しかし、回答を求めるのを先延ばししてはならない。私たちはまた、自分たちがそうした行動をとるかとらないと、文化が最終的にどんな形を取るのかという問題にも向き合わねばならない。

国家によるナショナルな文化の庇護も、国家が持つ他の多くの機能の「規制緩和」や「民営化」の運命を免れることはできない。そうした機能と同様、さらには市場の力のために、国家はその弱まる握力ではもはや把握できない職務を従来以上に積極的に放棄する傾向にある。しかし、それを規制緩和や民営化や権限委譲の対象にしてしまうと社会的に有害な「コラテラル・ダメージ」を与えることを免れない機能が二つある。一つは、市場を自分自身の力から守る機能である。言い換えると、市場の持つ悪名高い野放図さや自己抑制のなさがもたらす結果から市場を守ると同時に、評価や交渉に抵抗するすべての価値を下落させたり、それらを計画された行動の一覧から外したり、それを費用対効果の計算に基づいて行うことを防ぐ機能である。もう一つは、こうした能力のなさが一因で、市場の拡大に伴って生じる社会的・文化的損害を修復する機能である。先に言及したジャック・ラング文化相は自分が何を行っているかよく自覚していた。

この際、戦後ヨーロッパの芸術文化の運命に関する洞察力に富んだ研究者であるアンナ・ザイドラー＝ヤニシェフスカに、その考えを要約し、そこから実践的な結論を引き出してもらうのが適切であろう。

もしも私たちが（「精神的な現実」としての）芸術的な文化と、それへの参加（創造的であると同時受容的な参加、今日ではそれに加えて創造的・受容的な参加もしくは受容的・創造的な参加）、さらにはその参加を可能にする制度を区別しようとするのなら、国家の文化政策は（「パブリック」メディアも含めた）参加の制度に関心を持つべきであり、その主な任務は参加の機会を平等にすることである……。参加の質と平等な参加の機会、言い換えれば、内容や形態よりも「受け手」、あるいは「管理者」と「芸術のパブリック」の関係こそ文化政策の中心的なポイントである。(11)

私たちが前に検討したように、文化的な創造と文化の選択、そしてその「受け手」による文化の活用は今日、これまでのどの時代にもまして密接な相関関係にあると言える。そして、現代生活全体の中での芸術の立場の変化を考え合わせると、この相関関係は今後よりいっそう強固なものになる可能性が高い。実のところ、今日の芸術作品はその意味の探求という点では、いまだに不明確で中途半端で不完全でその潜在能力も不明であり、「公衆」（正確には、芸術作品が呼びかけたり呼び起こしたりして生み出す「公衆」）と出会う瞬間まで進展はなさそうである。芸術の本当の意味（したがって、その啓発や変化を促す潜在能力）はそうした出会いの中から生まれ、成熟していくものである。現代芸術の中でも最良のものは（実際には、その文化的役割の遂行の点でもっとも重要で有効なものは）、結局のところ、共通の経験を再解釈する果てしない過程のうちのワンステップであり、ダイアローグ（対話）へと導くものである。もしくは常にポリローグを拡大していくものである。

「生産者社会」を管理する資本主義国家の本当の機能が資本と労働の持続的で実りある出会いを確保することであり、「消費者社会」を統括する国家の本当の機能が消費物資と消費者の頻繁で成功裡の出会いを確保することであったように、「文化国家」すなわち芸術の促進に精力を傾ける国家は、芸術家と「公衆」の持続的な出会いを確保し、それに寄与することに焦点を絞る必要がある。私たちの時代に芸術が生み出され、物議を醸し、その役目を果たすのは、こうした出会いの中である。ローカルで「草の根の」芸術や演劇・演奏活動を促進し支援する必要があるのはこのような出会いのためである。今日の国家が持つその他の多くの機能についても言えるが、文化的創造を支える人々は早急に「支援を受ける」のを待っている。

# 注

## 第1章

（1）Richard A. Peterson, 'Changing arts audiences : capitalizing on omnivorousness', workshop paper, Cultural Policy Center, University of Chicago, at http://culturalpolicy.uchicago.edu/papers/workingpapers/peterson1005.pdf（二〇一〇年一二月にアクセス）。

（2）Pierre Bourdieu, *Distinction : A Social Critique of the Judgement of Taste*, Routledge Classics, 2010.（ピエール・ブルデュー『ディスタンクシオン――社会的判断力批判Ⅰ・Ⅱ』、石井洋二郎訳、藤原書店、一九九〇）。

（3）Oscar Wilde, *The Picture of Dorian Gray*, Penguin Classics, 2003.（オスカー・ワイルド『ドリアン・グレイの肖像』仁木めぐみ訳、光文社古典新訳文庫、二〇〇六）。

（4）Sigmund Freud, *Civilisation, Society and Religion*, Penguin Freud Library vol.12, 1991, p.271.

（5）Philip French, 'A Hootenanny New Year to all', *Observer Television*, 30 Dec. 2007-5 Jan. 2008.

## 第2章

(1) Georg Simmel, *Zur Psychologie der Mode ; Soziologische Studie*, in Simmel, *Gesamtausgabe*, vol.5, Suhrkamp, 1992.

(2) Slawomir Mrożek, *Male listy*, Noir sur Blanc, 2000, p.121.

(3) Ibid., p.273.

(4) Ibid., p.123.

(5) Blaise Pascal, *Pensées*, trans. A.J.Krailsheimer, Penguin, 1966, p.68. から引用。

## 第3章

(1) Jonathan Rutherford, *After Indentity*, Laurence & Wishart, 2007, pp.59-60.

(2) Saskia Sassen, 'The excesses of globalisation and the feminization of survival', *Parallax* 7 (1) (Jan. 2001) : 100-1.

(3) Geoff Dench, *Maltese in London : A Case Study in the Erosion of Ethnic Consciousness*, Routledge & Kegan Paul, 1975, pp.158-9.

(4) Richard Rorty, *Achieving our Country : Leftist Thought in 20th Century America*, Harvard University Press, 1998, p.88.

(5) Alain Touraine, 'Faux et vrais problèmes', in Michel Wieviorka, ed., *Une société fragmenté. Le multicul-*

*turalisme en débat*, La Découverte, 1997.

（6）Russell Jacoby, *The End of Utopia : Politics and Culture in an Age of Apathy*, Basic Books, 1999. を参照。

## 第4章

（1）Bronislaw Baczko, ed., *Une éducation pour la démocratie*, Garnier Frères, 1982, pp.377ff. を参照。

（2）Philippe Bénéton, *Histoire de mots / culture et civilization*, Presses de Sciences Po, 1975, pp.23ff. を参照。

（3）Michael Allen Gillespie, 'The theological origins of modernity', *Critical Review* 13（1-2)（1999）: 1-30.

（4）Giovanni Pico della Mirandola, *Oration on the Dignity of Man*, trans L. Kuczynski, in *Przeglad Tomistyczny* vol.5, 1995, p.156.

（5）Fred Constant, *Le multiculturalisme*, Flammarion, 2000, pp.89-94.

（6）Charles Taylor, 'The policy of recognition', in Amy Gutmann, ed., *Multiculturalism*, Princeton University Press, 1994, pp.98-9, 88-9.（チャールズ・テイラー「承認をめぐる政治」、チャールズ・テイラー他編『マルチカルチュラリズム』佐々木毅他訳、岩波書店、一九九六、所収）。

（7）Jürgen Habermas, 'Struggles for recognition in the democratic constitutional regime', in Amy Gutmann, ed., *Multiculturalism*, Princeton University Press, 1994, pp.125, 113.（ユルゲン・ハーバーマス「民主的立憲国家における承認への闘争」、チャールズ・テイラー他編『マルチカルチュラリズ

ム』佐々木毅他訳、岩波書店、一九九六、所収)。

(8) Jeffrey Weeks, 'Rediscovering values', in Judith Squires, ed., *Principled Positions*, Lawrence & Wishart, 1993, pp.208-9.

## 第5章

(1) Jeffrey Weeks, *Making Sexual History*, Polity, 2000, pp.182, 240-3.

(2) George Steiner, *The Idea of Europe*, Nexus Institute, 2004, pp.32-4.

(3) Hans-Georg Gadamer, *Das Erbe Europas*, Suhrkamp, 1998. を参照。

(4) Jonathan Friedman, 'The hybridization of roots and the abhorrence of the bush', in M. Featherstone and S. Lash, eds, *Spaces of Culture*, Sage, 1999, pp.239, 241.

(5) Nancy Fraser, 'Social justice in the age of identity politics : redistribution, recognition and participation', in D. Clausen and M. Werz, eds, *Kritische Theorie der Gegenwart*, Institut für Soziologie der Universität Hannover, 1999, pp.37-60.

(6) Bruno Latour, 'Ein Ding ist ein Thing', *Concepts and Transformations* 1-2 (1988) : 97-111. を参照。

(7) Cornelius Castoriadis, 'Done and to be done', in *Castriadis Reader*, ed. and trans. D. Ames Curtis, Blackwell, 1997, pp.400, 414, 397-8.

## 第6章

（1）François Chabot, 'La diffusion de la culture française dans le monde', *Cahiers Français*（Jan.-Feb.）（2009）.

（2）Theodor W. Adorno, 'Culture and administration', in *The Culture Industry : Selected Essays on Mass Culture by Theodor W. Adorno*, ed. J.M. Bernstein, Routledge, 1991, pp.93, 98.

（3）Ibid., pp.93, 98, 100. を参照。

（4）Joseph Brodsky, 'The child of civilization', in *Less Than One : Selected Essays*, Farrar Strauss & Giroux, 1987, p.123.

（5）Adorno, 'Culture and administration', p.94.

（6）Theodor Adorno and Max Horkheimer, *Dialectic of Enlightenment*, Verso, 1979, pp.216-17. を参照。（テオドール・アドルノ、マックス・ホルクハイマー『啓蒙の弁証法——哲学的断想』徳永恂訳、岩波文庫、二〇〇六）。

（7）Adorno, 'Culture and administration', p.103.

（8）Hannah Arendt, *La crise de la culture*, Gallimard, 1968, pp.266-7.（ハンナ・アレント『文化の危機（過去と未来の間に〈2〉）』志水速雄訳、合同出版、一九七〇）。

（9）Milan Kundera, *The Art of the Novel*, from the Polish translation by Bienczyk, Czytelnik, 2004, pp.23-4.

（10）Naomi Klein, *No Logo*, Flamingo, 2001, pp.5, 25.
（11）個人的な書簡から。

# 訳者あとがき

本書は Zygmunt Bauman の *Culture in a Liquid Modern World*, Polity Press, 2011 の全訳である。邦題については『リキッド化する世界の文化論』と多少修正した。本文中の〔 〕内は訳注である。また、読者の便宜のために、巻末に原書にはなかった人名索引をつけたことをお断りしておきたい。

さて、著者のジグムント・バウマンについては、最近次々と邦訳が出て詳しく紹介されているので、その経歴の紹介は簡単にとどめたい。一九二五年ポーランド生まれで、一九六八年にポーランド国内での複雑な事情により英国に移住した後、リーズ大学で長年教鞭をとり、一九八九年に出版された『近代とホロコースト』でヨーロッパ・アマルフィ賞を受賞。その後も『リキッド・モダニティ』（二〇〇〇年）を初め、数多くの著書が刊行されている。また、二〇一〇年には、バウマンの長年の功績を記念してリーズ大学に「バウマン研究所」が開設されている。

本書が出版されたいきさつについても触れておきたい。二〇一一年にポーランドの国立視聴覚研究所の企画により、同国のヴロツワフで「ヨーロッパ文化会議」が開催された。バウマンもその企画に関わり開会講演を行っているが、この開催に合わせてポーランドと英国で同時出版されたのが本書である。英語版についてはバウマンの娘のひとり、リディア・バウマンがポーランド語から英語への翻訳にたずさわっている。

次に本書には「序文」に相当する章がないので、その代りも兼ねて、全体の構成を簡単にご紹介したい。なお、原題からも想像されるように、本書は、バウマンのいわゆるリキッド・モダニティ段階における文化の変容について書かれたものである。その点から、『リキッド・モダニティ』刊行後の一連の応用編の一冊ともいえよう。

第1章「「文化」概念の歴史的変遷についての覚書」では、リキッド・モダンの下での文化の変容の象徴として、文化的エリートの間での文化的な「雑食化」が指摘されている。かつては「目利き」を自称し、中流階級の通俗趣味や下層階級の悪趣味を軽蔑していた文化的エリートが今では選り好みしなくなり、音楽を例に取れば、オペラやクラシック音楽だけにとどまらず、ポップミュージックやヘビメタ、その他あらゆるジャンルに手を出すようになっているという。さらに第2章「流行、リキッド・アイデンティティ、今日のユートピアについて」では、こうした現在の文化のあり方を、生成を繰り返してやまない「流行」に象徴させると同時に、この時代を生きる人々を、休む間もなく獲物を追いかける「ハンター」の姿になぞらえ、さらには、この時代のユートピア像の変貌についても言及している。

それでは、かつてフランスの社会学者ピエール・ブルデューが『ディスタンクシオン』(一九七九年刊)で指摘した、階級や階層間の識別機能を担っていた文化はいったいどうなったのか? 高尚な趣味を持つ文化的エリートを、ブルジョワや下層階級から区別する機能を果たしていた文化はどうなったのだろうか? バウマンによれば、近代の文化はそもそも上層階級が下層階級を啓蒙し、彼らを新たに誕生する国民国家の市民に仕立てる試みの中から成長を遂げたという。その後、こうした作業が終って国民国家システムが確立すると、文化は、一転して、このシステムを安定させる「定常装置」の役割を果たすようになった。階級や階層間の差異を明確にする「定常」機能こそ「ソリッド・モダン」の段階で文化が果たした役割だったのだ。やがてリキッド・モダンの段階に入ると、「定常装置」

も用済みとなるが、ブルデューがとらえた文化は、そうした役割を終えようとする寸前の姿、暗闇が迫ると飛び立つ「ミネルヴァのふくろう」の姿だったというわけである。

第3章「ネーション形成の文化からグローバリゼーションの文化へ」では、「ソリッド・モダン」から「リキッド・モダン」への移行の駆動力の一つであるグローバリゼーションによって国民国家が掘り崩される一方、世界中で新たな移住の波が起こり、ディアスポラ（離散）の時代が始まったとしている。続く第4章「ディアスポラの世界の文化」は、ディアスポラの時代における文化のあり方の変化がテーマである。とりわけ先進工業国の各都市に世界各地から多種多様な文化を持つ集団が集って現地住民との間で緊張や摩擦が生じ、同質な者同士で固まろうとする傾向も強まっている。こうした異質な集団同士が同居する時代にあって、従来の多数派による少数派の同化というあり方を是正して、互いの文化を尊重しあい、平和的な共存を目指すために編み出された考え方が多文化主義のはずだった。しかし、これは一方で、異質なものに対する無関心を助長し、これまで政治経済や社会問題の打開に積極的に関与してきた知識人がその介入を放棄する口実ともなり、その結果、格差や貧困などの問題が野放しになり、グローバル・パワーが暴威を振るう手助けをしてしまっている、とバウマンは鋭く指摘している。

第5章「ヨーロッパの統合と文化」では、古くから異質なもの同士の共存・共生という課題に直面してきたヨーロッパに焦点を絞り、ＥＵ統合をいっそう進展させようとする動きとそれを阻もうとする力が対立する中で、今後の統合の深化という課題にどう取り組むかをめぐって提言を行っている。バウマンは、ハンス・ゲオルク・ガダマーが提唱した「地平の融合」の促進を訴えながら、「私たちすべてのヨーロッパ人は、私たちの間にある多くの差異や、私たちの経験の多様性、それにより形成されたさまざまな生活様式、さらには私たちの共通のヨーロッパの家が持つ差異ゆえに、ヨーロッパの共通の祖先である古代ギリシア人にとっての友情と同じような意味の友人となるのにふさわしい」という言葉に自らの考えを要約している。さらに差異の承認に再配分や社会的公正の尊重を付加することで、多文化主義の限界を突破し格差や不平等などの諸問題を克服しようという提言も行っている。

訳者はこれまでバウマンの著書に触れる中で、その鋭い時代診断や問題提起に感銘を受ける反面、ときにその底流にある悲観主義や諦念のようなものを感じとることがあった。しかし、本書では、バウマンの積極的なコミットメントの姿勢に新鮮な印象を受けると同時に、今日の日本では死語になりつつある「知識人」（や教養階級）とその責務という考え方がヨーロッパでは健在であり、今日もなお重い意味を持っていることに改めて気づかされた。折しもEU加盟各国内でさらなる統合への消極的な意見が噴出し、分離主義や移民排斥の動きも顕在化し、EUが掲げる歴史・言語・文化の面で異なる人々の共生・共栄という理念に疑問符が付きつけられている中、本章でのバウマンの提言にもその打開に向けた一つのヒントが隠されているように思われる。

最後の第6章「国家と市場の間の文化」は、これまでと少し趣が変わり、フランスを例にした「文化政策」の歩みを振り返ると同時に、芸術家とそれを管理・監督しようとする行政の間の関係の持つ複雑さや矛盾、さらには今日、市場化・商品化が進む中での文化的制作物、とりわけ「高級芸術」を初めとする芸術作品が直面している諸問題に焦点が当てられている。

さて近年、文化人類学やカルチュラル・スタディーズなどさまざまな学問分野で「文化」が論じられている他、芸術から日常的な慣習や伝統、さらには今日大きな議論の的になっている多文化主義に至る多種多様な現象が「文化」でひとくくりにされて議論の対象になっている。こうした文化という言葉が氾濫し錯綜を極める中で、文化概念の誕生とその後の歴史的変遷をていねいにたどり整理した上で現在の文化をめぐる諸問題を、グローバル化の進展や市場主義の拡大、その中での知識人の役割の変化と課題といった大きな文脈の中に据えながら論じている本書は、文化の現状と今後を考える上で示唆に富んでいる。既成の文化論に斬新な視点を加えたものと評価評価することができよう。

最後に、本書の翻訳を勧めて下さり、編集の労をとっていただいた青土社編集部の菱沼達也さんに心よりお礼申し上げます。

二〇一四年六月

伊藤　茂

## マ行

マアルーフ、アミン　Maalouf, Amin　99
マクルーハン、マーシャル　McLuhan, Marshall　26
マルロー、アンドレ　Malraux, André　145, 147-8
ミランドラ、ピコ・デッラ　Mirandola, Pico della　41, 86-7
ムロジェック、スワボミール　Mrożek, Sławomir　43-4

## ラ行

ラザフォード、ジョナサン　Rutherford, Jonathan　57-8
ラトゥール、ブルーノ　Latour, Bruno　136
ローティ、リチャード　Rorty, Richard　65, 67-9

## ワ行

ワイルド、オスカー　Wilde, Oscar　13, 151

ジンメル、ゲオルク　Simmel, Georg　33, 35, 37, 59
スタイナー、ジョージ　Steiner, George　28, 123, 164

タ行

テイラー、チャールズ　Taylor, Charles　88, 91-4, 96, 134
デリダ、ジャック　Derrida, Jacques　24
デンチ、ジェフ　Dench, Geoff　62-3
トゥレーヌ、アラン　Touraine, Alain　70, 100
ドラッカー、ピーター　Drucker, Peter　87
ドルバック　d'Holback, Paul-Henri Thiry　80-1

ハ行

ハイデガー、マルティン　Heidegger, Martin　123
パーソンズ、タルコット　Parsons, Talcott　21
ハーバーマス、ユルゲン　Habermas, Jürgen　96-7
パスカル、ブレーズ　Pascal, Blaise　45
ピーターソン、リチャード　Peterson, Richard　10-1
ヒュマロリ、マルク　Fumaroli, Marc　149
ブーアスティン、ダニエル・J　Boorstin, Daniel J.　162-3
フライ、スティーヴン　Fry, Stephen　10
フリードマン、ジョナサン　Friedman, Jonathan　68, 131-2, 136
ブルデュー、ピエール　Bourdieu, Pierre　12-4, 16, 20-1, 24, 53
ブレイク、ウィリアム　Blake, William　49, 123
フレイザー、ナンシー　Fraser, Nancy　133-5
フロイト、ジークムント　Freud, Sigmund　14
ブロツキー、ヨシフ　Brodsky, Joseph　152
ベイトソン、グレゴリー　Bateson, Gregory　63
ベック、ウルリッヒ　Beck, Ulrich　24
ベネトン、フィリップ　Bénéton, Philippe　81
ベンヤミン、ヴァルター　Benjamin, Walter　40

# 人名索引

## ア行

アーノルド、マシュー　Arnord, Matthew　17
アーレント、ハンナ　Arendt, Hannah　155-7
アドルノ、テオドール　Adorno, Theodor　149-54
ウィークス、ジェフリー　Weeks, Jeffrey　98, 119, 121
ウォーホル、アンディ　Warhol, Andy　158
エルヴェシウス　Helvetius, Claude-Adrien　80
オッカムのウィリアム　William of Ockham　85, 87

## カ行

カステル、マニュエル　Castells, Manuel　66
カストリアディス、コルネリュウス　Castoriadis, Cornelius　96, 137-9
ガダマー、ハンス＝ゲオルク　Gadamer, Hans-Georg　124-7
ギレスピー、マイケル・アレン　Gillespie, Michael Allen　85
クライン、ナオミ　Klein, Naomi　164-5
クンデラ、ミラン　Kundera, Milan　160
ゲルナー、アーネスト　Gellner, Ernest　108
ゴールドソープ、ジョン　Goldthorpe, John　9
コワコフスキ、レシェク　Kołakowski, Leszek　86
コンスタント、フレッド　Constant, Fred　88-9, 99

## サ行

サッセン、サスキア　Sassen, Saskia　61
ジャコビー、ラッセル　Jacoby, Russell　74
シャボー、フランソワ　Chabot, François　146
ショー、ジョージ・バーナード　Shaw, George Bernard　161-2

著者

ジグムント・バウマン　Zygmunt Bauman

一九二五年ポーランド生まれ。イギリスのリーズ大学名誉教授。邦訳書に『近代とホロコースト』、『リキッド・モダニティ――液状化する社会』（いずれも大月書店）、『コミュニティ――自由と安全の戦場』、『リキッド・モダニティを読み解く――液状化した現代世界からの四四通の手紙』（いずれも筑摩書房）、『幸福論――“生きづらい”時代の社会学』（作品社）他多数。

訳者

伊藤 茂（いとう・しげる）

翻訳家。訳書にZ・バウマン『新しい貧困』、『コラテラル・ダメージ』（いずれも青土社）、『アイデンティティ』（日本経済評論社）、Z・バウマン＋D・ライアン『私たちが、すすんで監視し、監視される、この世界について』（青土社）、T・モーリス＝スズキ『日本を再発明する』（以文社）、R・コーエン＋P・ケネディ『グローバル・ソシオロジーⅠ・Ⅱ』（共訳、平凡社）他多数。

CULTURE IN A LIQUID MODERN WORLD
by Zygmunt Bauman

Japanese translation published by arrangement with Polity Press Ltd.,
Cambridge through The English Agency (Japan) Ltd.
The book was commissioned by the National Audiovisual Institute for
the European Culture Congress, 8-11 September 2011, Wroclaw, Poland.

NARODOWY
INSTYTUT
AUDIOWIZUALNY
www.nina.gov.pl

EUROPEAN
CULTURE
CONGRESS
8-11.09.2011 | EUROPEJSKI
WROCLAW / POLAND | KONGRES KULTURY
www.culturecongress.eu

# リキッド化する世界の文化論

2014年 7月25日 第1刷印刷
2014年 8月 5日 第1刷発行

著者——ジグムント・バウマン
訳者——伊藤 茂

発行人——清水一人
発行所——青土社
〒101-0051 東京都千代田区神田神保町1-29 市瀬ビル
［電話］03-3291-9831（編集） 03-3294-7829（営業）
［振替］00190-7-192955

印刷所——双文社印刷（本文）
方英社（カバー・扉・表紙）
製本所——小泉製本

装丁——小林剛（UNA）

Printed in Japan
ISBN 978-4-7917-6807-3 C0030

# ジグムント・バウマンの本

## 新しい貧困
### 労働・消費主義・ニュープア

伊藤茂訳

働くことよりも消費することに意味が与えられる時代。
消費すらできない人たちは、
社会的な役割をもらえない自由競争の敗北者として、
福祉からもコミュニティからも
そして「人間の尊厳」からも排除される……。
現代によって作り出された「ニュープア」の実像と、
それを生み出した現代社会の実態にせまる。

青土社　定価　本体２４００円（税別）
四六判上製　２５２頁
ISBN978-4-7917-6424-2

## ジグムント・バウマンの本

### コラテラル・ダメージ
### グローバル時代の巻き添え被害

伊藤茂訳

強者はより強者に、
弱者はより弱者に――。
なぜ世界では不平等と
格差がなくならないのか？
不確実な時代の
真実を解き明かす
世界的社会学者の最新成果。

青土社　定価　本体２４００円（税別）
四六判上製　３０４頁
ISBN978-4-7917-6637-6